世界経済システムと南北関係

本多健吉

新評論

序

一

社会科学上の理論はしばしば現実の社会の動きによって裏切られる。いや常に裏切られて来たと言うべきかも知れない。世界経済の中の発展の後れた世界の問題に関心を抱き続けてきた筆者が、その研究活動の出発点において直面したのは、この理論と現実との大きな乖離であった。カール・ポランニー風の表現を使えば、経済がまだ社会や政治の中に埋め込まれ続けているこの周辺世界の問題を解明し、その展開方向と問題解決の方法を見出そうとする試みにとって最適だと考えた社会科学上の方法論としての政治経済学、その有力な理論体系としてのマルクス経済学の周辺世界認識と現実の動きとの乖離がそれであった。

筆者が研究生活を始めた一九六〇年代の初頭において、旧植民地の独立の波が急速に広がり、旧半植民地・従属諸国をも含めて以前の従属世界構成民族がその政治的主権を獲得する中で、その一部は社会主義体制を選択することによっていわゆる東側陣営を拡大・強化しつつあった。そして東西問題とともに南北問題が世界の政治・経済上の大きな問題として登場してきていた。その時期に、正統派マルクス主義の支配的な世界経済認識は、レーニン『帝国主義論』が描き出した二〇世紀前半の世界資本主義像の延長線上にあった。その政治的独立の時点で社会主義体制ないしそれに向けての非資本主義的発展の道を選択しなかった新興諸国は、形式的独立は達成したが、実質的には依然として「新帝国主義」の支配下にあるという現状認識である。社会主義体制を選択した東ヨーロッパや東アジアの旧従属世界構成民族のみが帝国主義の軛《くびき》から自由になることができるというのである。その歴史認識のもとでは、東西冷戦構造の中にあって西側先進資本主義陣営および東側社会主義陣営とは一定の距離を保とうとした、一九五〇年代中葉から六〇年代初めにかけてのいわゆる「非同盟中立諸国」の存在も、それが中心になって成立した六〇年代半ばの「国連貿易開発会議」も、七〇年代半ばのアラブ産油国の石油戦略およびそれに触発された資源ナショナリズムの高揚も、それらの全てがとりたてて大きな歴史的意味をもつものではなかった。この点では現に文革期中国が「国連貿易開発会議」を新興国支配層の欺瞞にしか過ぎないとみたところである。後に中国はその評価を改めて、中国も第三世界の一員であるとしてこの会議支持の姿勢を示すようになったのではあるが。

第二次世界大戦終結を契機にした、二〇世紀後半の時期の植民地独立の時代の現実を『帝国主義論』の論理のみでは説明しきれない歴史的事件だとみた筆者たちの発展途上国研究グループ（大阪市立大学経済研究所・尾崎彦朔教授をリーダーとする関西の研究グループ）は、日本におけるそうした正統派的理解に立つ「新植民地主義論」グループに対して「（発展途上国）国家資本主義論」を対置し、両グループの間で論争が続いた。この論争は、その間の発展途上世界内の多様化や、新従属理論の登場の中で自然消滅状態になったが、現在振り返ってみて、後者の「（発展途上国）国家資本主義論」の理論展開にも問題はあったことを認めなければならない。

それは、一九五〇年代中葉のスターリン批判以後、非同盟中立主義諸国の動きを過度に肯定的にとらえて、それら諸国の政治的・経済的体制を非資本主義的発展の道を歩む国家資本主義体制だとみようとした旧ソ連の発展途上国問題研究者の、発展における社会主義体制の優越性の主張にもとづいた目的論的議論に源を発していたからである。筆者の最初の著書『低開発経済論の構造』（新評論、一九七〇年）は、この時代の新たな歴史的現実を踏まえながら、マルクス経済学における後進国研究を学説史的に点検した上で、そうした目的論的議論から離れようとする試みであった。また、モーリス・ドッブやポール・バランといった欧米のマルクス主義理論家たちの開発理論の紹介によって、新しい歴史的現実に反応して近代経済学の分野で現れた「開発経済学」を意識した彼らの研究の姿を示すことで、日本での理論と現実の動きとの乖離の是正を促すことを意図したものでもあった。この点で、多くの限界をもつものではあったが、この著書はそれなりに当時の時代の現実を反映させようとする努力の産物であったと今でも自負している。

しかしながら、この「（発展途上国）国家資本主義論」の問題点は、第一に、その出自の特徴から脱却するに十分な説得力を持ちえなかった点である。新興諸国の「国家資本主義的」政治・経済体制を、後にアレキサンダー・ガーシェンクロンが示したと同様な一九世紀後発資本主義国型の過渡的な政治的・経済的体制としてみようとした筆者たちの研究に対して、その源流にある「国家資本主義＝非資本主義発展の道」の主張に過ぎないという受け取り方を払拭することができなかったのである。問題点の第二は、先に示した理論と現実の乖離を埋めるための「新植民地主義論」との論争点を鮮明にしようとする余り、歴史的変化の側面を過度に強調し、新興諸国に対する西側先進世界の外的規定性における連続性の側面についての言及が手薄になり、その反面で、東側社会主義世界の影響を外的規定性における歴史的変化として重視し過ぎた嫌いがあったことである。

二　こうした問題点がクローズアップされるに至ったのは、一つには東側社会主義のもつ欠陥が時とともに明確になってきたことであり、もう一つには、ラテンアメリカの周辺地域の現実を踏まえたアンドレ・グンター・フランクや、アフリカ社会の社会構造の特徴を踏まえたサミール・アミン等による新従属理論の出現であった。

一九五〇―六〇年代においてその高い経済成長率を誇示した東側社会主義陣営の成長力が七〇年代の頭打ちを経て八〇年代には完全な衰えを見せ、指令性中央計画下での粗製乱造の物量主義の質的欠陥も目立ってきた。また「プロレタリア国際主義」と「社会主義世界共同体建設」の美名にもかかわらず、ソ連対東欧・中国との対立も明らかになってきた。そして正統派マルクス主義的見解からすれば、発展の資本主義的段階に優位し、あるいはその段階を飛び越えるはずだった社会主義が、実は一九世紀的国民経済形成の試みの一変種に過ぎないないかも知れないという疑念に答えることが難しくなってきた。そしてとりわけソ連社会主義を批判してこの点を強調したのが、様々なタイプのネオ・マルクス主義者であり、周辺世界研究における新従属論者たちであった。この新従属理論はまた、一六世紀以来の「世界資本主義」の通時的帝国主義性を強調することによって正統派マルクス主義のレーニン的・段階論的帝国主義把握を相対化した。

そうした理論的潮流の中にあって筆者は、一面では現実の社会主義への批判に共感しながらも、資本主義世界経済の展開過程についての段階認識の否定に対しては批判的であり、その面での新従属理論に対するスタンスを明らかにしようとしたのが八〇年代中葉に発表した著書『資本主義と南北問題』（新評論、一九八六年）であった。そしてそこでは、資本主義世界経済の歴史的変化の面よりも通時的連続性を、すなわち「変化の中の連続性」を重視する新従属論に対して、むしろその「連続性の中の変化」の側面を、とりわけ二〇世紀後半における周辺世界の新動向の現実に注目することによって明らかにすることに努力を傾注した。

しかしながら、この新従属理論の登場は、その内部に文化大革命期の中国の自力更生論や、カンボジアのポルポト路線や、北朝鮮の主体（チュチェ）思想にみられる資本主義世界経済からの「離脱」の提唱といった情緒的で非現実的な思い入れが見られたとはいえ、先のソ連社会主義批判への共感のほかに、資本主義世界経済と個々の発展途上国との関係を、筆者が改めて歴史的かつ構造的に再検討する契機となったことを述べておかなければならない。

三　今回上梓する本書は、筆者の以上のような研究上の経緯の中から生み出されたものである。本書の中での主なキーワードは、「世界経済システム」、「ポスト冷戦」、「経済のグローバル化」であるが、これらは時期的には一九九〇年以降に頻繁に用いられるようになった用語であり、本書は、この時期に筆者が本書の末尾にまとめて示す様々な機会に発表した論文に加筆・修正を加えたものを主軸にしている。

第I章は、その基本的な論理は世界経済構造の中枢—衛星、中心部—周辺部の二層構造把握とこの二層間の絶えざる両極分化傾向を強調して止まない新従属理論とは共通するものでありながら、その論理展開の中に世界経済システムの歴史的変化と構造的現実を説明しうる論理構造を、イマニュエル・ウォーラーステインの「世界システム論」の中から摘出しようとする試みである。ただし社会システム論としてのウォーラーステインの「世界システム」概念は、余りにも窮屈で硬直的であり、本書の書名に用いた「世界経済システム」はその概念規定よりもより弾力的で広義な意味で用いられていることをここで断っておかねばならないが。また第Ⅱ章は、近代世界経済の具体的・現実的歴史過程は、「世界システム」による外的規定性と特定の国もしくは地域の内的規定性との相互作用によるものであることを、パクスブリタニカとしての近代世界経済形成過程の素描によって明らかにしようとしたものである。

第Ⅲ章と第Ⅳ章では、一方ではソ連・東欧社会主義の崩壊によるポスト冷戦時代の到来と、他方ではそれ自体が一国主義的社会主義体制存続の基盤を掘り崩す原因ともなった経済のグローバル化によって、一九世紀以来後発諸国が目指し、二〇世紀後半の新興世界もまたその後を追おうとした国民国家建設、国民経済形成という目標が非現実的になり、それ故に多くの政治的・経済的混乱が惹起されていること、その解決のための新たな理論構築が切実に要請されていることを示そうとしている。

そうした新しい歴史的段階における東アジアの政治・経済問題に焦点を当てたのが第Ⅴ章と第Ⅵ章だが、書き下ろしによる短い章である第Ⅵ章では、経済のグローバル化の動きに即応した開発政策の採用によって、驚異的な経済成長を遂げた東アジアもまた、最終的な南北問題解決の道を指し示すものではなかったことを、九〇年代後半にこの世界を襲った通貨危機、金融危機、経済危機の分析を通じて明らかにしようとした。ただし、この章では現段階で利用可能な最新の統計を利用したが、第Ⅳ、Ⅴおよび第Ⅶ章は、執筆時の時代的背景を伝えるために、原論文発表時点で利用可能だった資料をあえて更新しなかったことを断っておきたい。また、第Ⅳ章、第Ⅴ章は、啓蒙的色彩の濃い刊行物に掲載したものだが、それによってかえって本書全体の論調に幅が出来たと思う。

そして他の六つの章とはやや異なったトーンである開発論的アプローチによる第Ⅶ章は、マルクス経済学のみならず近代経済学を含めた「開発経済学」が、経済開発の計画化と国家介入から市場経済化と規制緩和の潮流の中で逢着している問題状況を示したものであり、それによってこの研究分野の到達段階が知られるであろう。

以上によって本書で筆者が強調したかったことは、二〇世紀末から二一世紀にかけての世界経済の現実が、近代世界経済形成以来の社会科学ならびに経済学の理論はもとより、二〇世紀後半の現実に対応して構築された新たな理論とも乖離してきていることである。本書はそうした現実を描き出そうとする試みではあるが、その解決に役立つ理論や政策を提示しているわけではない。本書で示した新しい現実によって理論化と解決が求められているのは何かについての問題提起になれば幸いである。

四　最後に付随的に幾つかの点を補足しておきたい。

第一に、本書の書名を「世界経済システムと南北問題」とせず「世界経済システムと南北関係」としたことについてである。本文で示しているように、六〇年代初頭に現れた「南北問題」という用語は、新興世界の産業構造と所得水準の比較的類似した状態、すなわち植民地的モノカルチャー・モノイクスポート構造と貧困の共有を現実的背景としてその是正を求めるものであった。しかし、それから三分の一世紀以上の時間を経て、新興世界の中での産業構造と所得水準における様々な多様化が現れ、「南々問題」といった用語すら生まれるようになった。そうした状況変化を念頭において、本書では世界経済システムの中での南北間の「問題」ではなく、その構造としての南北間の「関係」を示そうとしたことを、この書名は反映している。

第二に、現在筆者が大きな関心を抱いているおり、また本書のテーマとともにもう一つの研究課題としているのは、東アジアの中でも停滞的な北東アジア・環日本海地域経済研究である。この面での研究成果は本書への纏まった形での収録からは除外され、わずかに本書第V章でその一端が示されているに過ぎない。それについては、第V章の末尾の注に示されている筆者の論文を参照して頂きたい。

第三に、すでにこの序文の中で示したように、筆者はその研究活動総括の節目ごとに、新評論と同社の二瓶一郎会長に並々ならぬご理解とご協力を頂いてきた。今回もまた、脱稿が予定よりも大幅に遅れたにも係わらず辛抱づよくお待ち頂いたことに心より感謝したい。

二〇〇一年四月

本多 健吉

世界経済システムと南北関係／目　次

第Ⅰ章　世界システムの歴史的構造について

はじめに――現段階の世界経済――

Ｉ・ウォーラーステイン（Immanuel Wallerstein）の「世界システム」論はいくつかの問題を含むとはいえ、彼がこのシステムを、循環的な変動局面を繰り返しながらも構造的には長期間持続するシステムだが、それにもかかわらずそのシステムは永久不変ではなく、生成し、持続し、死滅する一つの「史的システム」だととらえたことは真実を衝いている。しかしその際の問題は、われわれが現に日々生活している「現段階」の世界経済が、そうした「史的システム」の歴史的展開の何処に位置しているのかである。

ここではその「現段階」を、一九八九年以降に顕在化したソ連・東欧社会主義体制崩壊を契機にして始まった「ポスト冷戦」の時代に限定する。それは筆者の関心がこのシステムの生成以来継続してきたとされる長期持続構造の分析にではなく、われわれがまさにその中で生きている今日の歴史的意味の解明にあるからである。その際この「現段階」は、より長い歴史的期間としての「現代」の一部である。そしてこの「現代」を「史的システム」の中のどのような段階と考えるかは、論者の問題関心の相違によって異なっており、その点で三つの「現代」認識を示すことが出来よう。

第一に、ウォーラーステインその人が示すように、近代世界システムが生成したとされる一六世紀以来を「現代」とみる最広義のとらえ方があり、それは近代世界システムそのものの歴史的構造の解明への関心に導かれた認識である。第二に、二〇世紀の帝国主義と植民地体制の時代以降を「現代」とみる中間的なとらえ方があり、現段階に連なるシステムの段階性への関心を反映する。そして第三に、第二次世界大戦終了後の歴史的時代を「現代」とみる最狭義のとらえ方がありうる。

その中で筆者は第三の認識を採る。それによって第一の認識を示したウォーラーステインや、第二の認識を示したレーニン『帝国主義論』が提起したような大状況認識は犠牲にされ、システムの連続性よりも変化の側面が、「変化の中の連続性（continuity in change）」よりも「連続性の中の変化（change in continuity）」が強調されるであろうが、逆に現段階からみたこれまでの大状況認識そのものの意味をも逆照射することが可能になるであろう。とりわけ、ソ連・東欧社会主義体制の崩壊は、二〇世紀における社会主義体制の出現を「現代」の主要な非可逆的特徴の一つとみた大方の現代認識を相対化することで、その歴史的意味を再検討することを要請している。近代世界システムそのものの一貫した帝国主義性、中枢—衛星（中心部—周辺部）構造を強調する自由貿易帝国主義論[1]や従属理論の出現は、そうした再検討作業の萌芽的な試みであったが、それらも確固とした歴史理論として定立するには至っておらず、現段階の分析を通じてさらに検討が加えられなければならないであろう。

さて第三の現代認識は、その「現代」が西側資本主義世界での米国へゲモニー（覇権）体制の確立、南側第三世界における旧植民地の国家的独立、社会主義の東欧と南側世界への拡大で始まったとみる。

そうした時代認識からは、この時代は米国へゲモニー下の西側陣営とソ連を中心とする東側陣営との東西対立の時代であり、先進世界との間の富の不平等に対する第三世界の側からの異議の申し立て、および、国民経済形成運動によって顕在化した南北問題の時代であった。この東西問題と南北問題は相互に交差し合い、二〇世紀後半の世界政治と世界経済における事件史の底流をなすことになった。だがそれは、「現段階」においても不変な状況ではない。

米国へゲモニー体制は、へゲモニー成立の基盤だとみなされる産業的優位・商業的優位・金融的優位の同時的達成が、(2) 一九六〇年代初頭に戦後復興を完了した西ヨーロッパと日本の追い上げによって困難になり、西側資本主義世界経済においては、金融、情報技術等の面での米国の優位が継続しているとはいえ、世界経済体制における米国一極体制から欧州連合（EU）、日本を含めた三極体制への移行は否めない。

他方東側陣営でも、陣営内での蜜月の時代は一九五〇年代で終わり、六〇年代以降、中ソ対立を皮切りに、ソ連・東欧間でも政治的・経済的軋みが拡大し、第三世界でも、国連貿易開発会議設立（一九六四年）から国連での「新国際経済秩序樹立宣言」（一九七四年）に至る一〇年間にその頂点に達したこの世界の共通利害にもとづく結束は、産油途上諸国、新興工業諸国（NICs）ないし新興工業経済群（NIES）、低所得諸国間の経済的格差の拡大や利害対立によって困難さを増してきた。

こうした変化が一挙に激動に転じたのは、一九八九年一一月のベルリンの壁の崩壊後加速化したソ連・東欧社会主義体制崩壊といわゆる「ポスト冷戦」時代の急展開によってであった。それは、国際政治の面で第二次大戦終了後の東西対立・東西冷戦体制下に形成された全世界での国家間関係を揺るがし、東西、南北を問わず、世界のあらゆる地域での民族紛争、宗教紛争という新たな国内的・国際的紛争を激発させた。こうした状況変化に彩られた「現段階」を経て新しい二一世紀は、果たして「現代」を特徴づけてきた世界政治・経済の構図の延長線上で考えられるであろうか。この点については本書の後続の章で検討することにして、本章ではそうした問題を世界政治・経済の歴史的展開に照らしてみた場合の、「現代」、「現段階」、「未来」の世界認識のための分析的枠組みを、世界システム論の提唱者であるウォーラーステインの所説を中心にして検討することを課題とする。

一　世界システムとは何か

世界システムは言うまでもなく社会システムの一つである。そこで「世界システム」それ自体を検討する前に、「社会システム」の定義を明らかにすることから始めよう。

『新社会学辞典』によれば、「システム」とは、複数の構成要素が相互に関連しあって一つの全体を成している事象であり、それは、その内的編成によって外的環境（非システム）から区別されるが、「システムはその環境との相互作用を通じて、その内的な編成を、生成、維持、発展、消滅させている存在なのである」と述べられている。また同書の「社会システム」の項目では、「システムとは部分（構成要素）を全体から切り離すときには認識されないことを方法的に自覚した、全体性の秩序形成に関わる概念化であり、したがって、社会システムとは人間行為を構成要素と見なして、この方法概念を社会学の研究対象としての社会に適用したものである」とされる。そして「社会システム」に関する諸理論の中には、(i)全体的レベルにおける事象の性質は、構成要素レベルにおける事象の性質からは演繹できないことを重視する理論や、(ii)システムが存続し続けるためには、その外的環境に適応するように自らの構造を修正してゆかなければならないことを重視する理論や、(iii)外的環境に適応するだけではなく、それ自らの自己組織力を通じて能動的に構造変化を引き起こすことを重視する理論があることが指摘されている。(3)

この社会システム論の考え方を、一六世紀に生成し現代にまで継続しているとされる「近代世界システム」の構造分析に適用したのは、ウォーラーステインであった。上述の「社会システム」に関する定義との関連で彼の世界システム論の特徴をみよう。

(1) 社会システムの範囲

第一に、まず上記(i)についてみれば、システムの全体性を示す社会の範囲が問題になる。この範囲を国民国家の範囲にとれば、その構成要素は、一定の国民を構成する経済的・政治的・文化的諸主体であり、(ii)、(iii)が示すように、その枠組みの外部はそのシステムにとっての外的環境となる。そして国民国家を一つの自己組織的なシステムとみなすならば、この社会システムの継続性は、外的世界に対してそれがどのように適応するかによって左右される。また「世界」は、そうした諸社会システムの算術的総和として認識されることになる。比喩的に言えば、「世界」は様々な成熟度と色合いをもつ林檎を詰め込んだ籠である。

こうした認識は、実は一九世紀以降に成立した近代社会科学による「社会」ならびに「世界」についての基本認識であった。しかし、この認識が含む重要な問題点は、近代以降の世界を構成する諸民族・諸地域がすべて国民国家として形成されてきたわけではなく、その広大な地域と多数の民族が、長期にわたって、政治的・経済的に自己組織力に欠ける植民地ないし半植民地・従属国として存在し続けてきたことであった。

この歴史的現実に対する既成社会科学の黙示的な、あるいは明示的な対応は、大まかに分けて二つの仕方で行われてきた。

その一つは、植民地・半植民地・従属諸国は国民国家の形成途上にある諸民族の状態であり、先進国民国家の影響のもとで、いずれは自己組織力をもつ国民国家に成長して行くものとみる見方であり、しばしば「単線的発展史観」という表現で特徴づけられている対応である。

われわれはその代表的な事例を、ロストウ（Walt Whitman Rostow）の「経済成長段階論」にみることができる。すなわち彼は、あらゆる社会を、伝統的社会—離陸のための先行条件期—離陸期—成熟への前進期—高度大衆消費時代、という社会発展の継起的諸段階のいずれかに位置し、植民地化を含めた外的環境からの作用や国家的独立によってひとたび伝統的社会が解体されるや、遅かれ早かれ先発社会がたどった発展の軌道を進むものとみたのである。[4] 前述の比喩で言えば植民地・半植民地・従属諸国は将来の熟成を約束された青い林檎である。

もう一つの対応は、マルクス主義の側からのものであり、自己組織力をもつ国民国家の形成は、それが資本制的編成原理によってなされる限り一部の先進諸民族に限定され、他の諸民族は、必然的に資本主義の最高の段階である帝国主義への道をたどる先進諸民族が資本制的編成原理を放棄するか（先進国革命論)、あるいは後進諸民族がその政治的独立と同時に新たな編成原理である社会主義的計画経済の編成原理を採用した場合にのみ、自己組織力をもった国民国家(この場合は社会主義的国民国家)の形成が可能だとする対応であった。(5)

こうした既成社会科学の「社会システム」ならびに「世界」認識に対して、体系的な理論を提起することで異議を申し立てたのが「世界システム論」の提唱者ウォーラースティンであった。すなわち彼は、国民国家が自己組織力をもった社会システムであるとする考え方を真っ向から否定し、そうした自己組織力をもった社会システムは、一六世紀以来国民国家の枠を越えて世界的に展開してきた社会的分業によってその境界を決定される「世界システム」以外にはあり得ないと主張するのである。

「『国民国家』は時とともに『発展してゆく』比較的自律的な『社会』を断じて代表してはいないということを、世界システムの視座が主張している」、「『世界システム』こそ、社会あるいは社会的行動についての研究の適切な『分析単位』である」という指摘や、(6)「世界の歴史においては、今日にいたるまで三種類の社会システムが存在してきた。互酬的ミニシステム、再分配的世界帝国、そして資本主義世界経済である。最後の資本主義世界経済だけがいまも残るただひとつのシステムで、それは危機にある」(7)という指摘がそれを示している。

ここで「互酬的ミニシステム」と言われているものは、経済的分業の境界、政治的統治機構の境界、文化的な価値・規範・言語の境界が全て一致した、人類史の原初的時代に存在したとみられている小規模な社会システムである。また「再分配的(諸)世界帝国」は、それぞれの「帝国」が経済的には単一の分業体系で構成され、政治的にはその分業体系の上部に巨大な軍事・官僚機構を備えた単一の統治組織が構築されながら、文化的には複数の価値観・宗教・言語等を内包する社会システム、すなわち地球上に複数の世界システムが存在しうる「世界システム」の一変種である。

それらに対して「近代世界システム」あるいは「資本主義世界経済」と呼ばれる「世界システム」のもう一つの変種は、「再分配的世界帝国」と同様に複数の文化圏を包含する単一の分業体系ではあるが、「再分配的世界帝国」とは異なって、分業体系の上部に単一の統治組織をもたず、複数の国家を包含する「社会システム」である。そしてそれは「長期の一六世紀」（一四五〇―一六四〇年）の間に北西・北ヨーロッパ、地中海諸都市、アフリカ沿岸、ラテンアメリカの一部を含んで生成した「ヨーロッパ世界経済」に始まり、分業が世界の隅々までを覆い尽くすにいたっている現代では、地球上にこれ以外の社会システムは存在しなくなっているとされる[8]。

ところで、こうした意味での「近代世界システム」について一つの大きな問題として残るのは、グローバルに展開するにいたった世界的分業体系と現実に存在する諸国民国家との関係である。

この点についてウォーラーステインは、こうした世界的分業体系の存在こそがシステムの持続にとって第一義的に重要であり、それを安定化するために、国家間システム（interstate system）が構築されるのだが、その国家間システムの中での国家主権は、自律的ではなく相互規定的であると主張する。そしてそうした相互規定関係の中で存在する諸国家の強弱は、それぞれの国家が世界的分業体系のどの部分を担っているかによって決定されるとみる。すなわち「国際的商品連鎖（international commodity chain）」と結びついた生産過程の、中核部分を担っているか周辺部分を担っているかによって決定されると考えるのである[9]。ウォーラーステインの世界システム論においては、既成社会科学がその解明に努力を傾注してきた、自己組織力をもった社会システムとしての「国民国家」、ならびにその物質的基盤をなす「自律的国民経済」あるいは「国民的分業体系」概念の存在の余地は皆無であることは明らかであろう。

(2) 社会システムの内的編成原理

第二に、前述の社会システムの範囲の決定と密接に関連するものとして問題になるのは、前記(iii)として示したその自己組織的な内的編成原理は何かについてである。

この点で伝統的な政治経済学は、自己完結的な諸国民国家や諸国民経済を想定した上でその内的編成原理を追求してきた。地主・資本家・労働者の三大階級で構成される諸国民国家において、年々の国民所得がその階級構成に応じて地代・利潤・賃金として分配される国民経済の内的編成原理の分析を目指した古典派経済学がその源流をなすが、代表的な政治経済学としてのマルクス経済学もその流れを汲んでいる。

すなわちその原典とされる『資本論』では、最先進資本主義国イギリスの現実から抽出された純粋資本主義モデルとして、古典派経済学の伝統にしたがって土地所有者・資本家・労働者の三大社会階級で構成される社会が想定され、その社会の自己組織的な内的編成原理が示される。すなわち、労働者階級の手になる生産財および消費財の生産と両社会的生産部門の絶えざる再生産のメカニズムが、また絶対的・相対的剰余価値生産とその分配とを通じての土地所有階級の再生産および資本家階級への配分としての利潤の蓄積による拡大再生産のメカニズムが、すなわち、資本制的社会システムの自己組織的な再生産と拡大のメカニズムが示されるのである。そこではまた、互いに競争し合う資本家間での生産と蓄積の拡大競争という内的運動原理によるシステムの成長と対外的拡張、ならびに、過剰生産状態の出現と価値廃棄、すなわちシステムの収縮（不況や恐慌）と再拡張という循環が常態となることが示される。ただしこの社会システムは、先行する諸社会システム（封建制社会や奴隷制社会）には二次的社会関係として存在した商品経済が、その発展の極北としての労働力の商品化にも及び、それとこれもまた蓄積された貨幣資本との合体による資本制的社会関係が一次的社会関係として社会の基本的性格を決定する点で、一つの歴史的形成物としての史的システムに他ならないとされるのであるが。

ところでこうした原理的説明においても前述の世界経済の場合と同様に問題になるのは、こうした純粋な資本制社会は、欧米先進資本主義国家内においてさえ近似的にしか成立しえず、そこには、遊休労働者、小作農、独立自営農民、およびその他旧社会諸関係の遺物が存在していることである。それも後発資本主義国の場合には旧社会諸関係が一層濃厚にである。

この問題についてのマルクス自身の見方については後の研究者による様々な解釈がみられ、ここで詳細に検討することは出来ないが、『資本論』の「第一版への序言」の中での次の叙述は、この問題についての重要な回答を示すものとみてよいであろう。

「物理学者は自然の諸過程をば、それらが最も含蓄ある形態で・かつ攪乱的な諸影響によっては殆どかき乱されることなく・現象するところで観察するか、さもなければ彼は、もし可能ならば、過程の純粋な経過を保證するような諸条件のもとで実験する。私がこの著作で研究せねばならぬものは資本制的生産様式、および、これに照応する生産＝ならびに交易諸関係である。それらの行われている典型的な場所は、今日まででではイギリスである」、「資本制的生産の諸々の自然法則から生ずる社会的な諸々の敵対の発展程度の高低は絶対的に問題でない。問題なのは、これらの法則そのものであり、頑強な必然性をもって作用して自己を貫徹しつつあるこれらの傾向である。産業的に発展した国は、発展のおくれた国にたいし、他ならぬそれ自身の将来の姿を示すのである」(10)。

ここで示されるように、マルクスが解明しようとしたのは、まさに物理学者の実験のように、純粋な資本制的生産様式をもつ社会システムの仮定の上でのその内的編成原理、ならびに運動法則であった。そして現実の社会に含まれる様々に不純な要素については、その解明の後にはじめてその現実的かつ歴史的意味が明らかにされると考えられていたと理解される。

分析対象のこうした抽象化は、一九世紀の先発・後発資本主義国の基本的な内的編成原理の一国的解明にとっては、ある程度の有効性を持ちうるであろう。しかし、そうした先進資本制社会は、現実的かつ歴史的には内部に上述の不純な構成要素を含むのみならず、外部との関係では一定の対外貿易——食糧や原料の対外調達——なしには存立しえず、そうした生産物の供給地はおおむね、上述のような純粋資本制社会編成原理がみられず、奴隷制や農奴制に近似した労働形態によって特徴づけられる地域であり、しかも世界経済規模では圧倒的な面積および人口がそうした地域で占められていた。したがって、そうした社会諸関係ならびに地域の存在によって純粋資本制社会編成原理を修正するのかしないのかといった問題が残るが、それについてマルクスおよび彼の原理的理論に依拠するその後の研究者達が、先に示した単線的発展史観とは明確に対峙していたことを示す証拠は見当たらない。そしてこの問題と真正面から取り組もうとした数少ない研究者の一人がウォーラーステインであった。

すなわち、システムの内的編成原理についての上述の見解に対して、世界的分業の展開範囲のすべてのみを唯一の社会システムとみるウォーラーステインの内的編成原理は、社会編成における資本家―労働者階級、すなわち生産における資本―賃労働関係のみならず、様々な社会関係、生産関係を一挙に説明しうるものでなければならない。そしてこの点で、ウォーラーステインの「近代世界システム」での蓄積の基本的な源泉は、『資本論』が示した資本―賃労働関係のもとで生み出される剰余価値の資本への転化のみではなく、様々な生産形態での直接的生産者からの価値収奪（余剰および生活必要手段すらもの収奪）でもある。したがって彼によれば、「資本主義」とは、資本―賃労働関係ではなく、「極大利潤の実現を目的とする、市場での販売向けの生産」、「市場で利潤をもとめる生産の様式」であり[11]、それが世界システムの内的編成原理である以上、市場は必然的に世界市場であり、その様式のもとでの資本と直接的生産者との関係は、そうした資本の目的で編成される労働形態であるかぎり、賃労働形態と同格な、奴隷制、強制換金作物生産（coerced cash-crop production 再版農奴制の言い換えだとされている）、刈分け小作制、借地農制等の「労働管理様式」であった[12]。同じ意味で、彼によれば、通常商人資本主義段階、産業資本主義段階、独占資本主義段階といった資本主義発達史の諸段階の基本的資本範疇とされる商人資本、産業資本、独占資本・金融資本等の区別も重要ではない。世界市場で利潤の極大化を目指して運動する資本は、常に独占的であると同時に、産業的・商業的・金融的な諸形態を問わないからである[13]。

そしてまた、原理的資本主義観にとっては不純な要素であるとされる「人種差別や低開発」は、中心部における不断の資本蓄積のために、時によってはシステムの基本部分に組み込まれ、時によってはそこから排除されるところの「史的システムとしての資本主義世界経済の構成要素」、「史的資本主義の存在理由」であるとして、それらが社会システムとしての世界経済システムの自己組織化にとって不可欠の要素であることが強調される。(14)

二　世界システムの構造

(1)　フランクの二層構造論

ウォーラーステインによる世界システム論の一つの源流をなしているのは、「経済発展と低開発は同じコインの背中合わせの両面である」、「資本主義の世界的拡張・発展という同一の歴史が、経済発展と構造的低開発の両方を同時に生み出したのであり――いまも生み出しつつある」という、フランク（Andre Gunder Frank）の有名な従属論テーゼである。(15) 彼によれば、世界は中枢（metropolis）―衛星（satellite）の国際的・国内的連鎖構造をもっており、衛星で生み出された経済余剰は、中枢によって収奪・流用される。そして中枢の発展と衛星における「低開発の発展（development of underdevelopment）」は、世界資本主義体制の「歴史を通じて一貫している独占的構造」によっている。(16)

このテーゼは、一九世紀以来の社会科学の中で支配的だった自由主義的社会科学の基本的歴史理論であり、すでに示したようにそうした社会科学批判を目指したマルクス主義的経済理論および歴史理論においてもそれに対抗する明確な立場が示されることのなかった単線的発展史観に、真っ向から挑戦するものであった。その点でそれは、歴史認識としての画期的な意味を持つものであり、フランク以後の社会科学に与えた影響にはきわめて大きなものがある。

しかしながらその理論はまず、世界資本主義体制の編成原理を、その概念規定が不明確なままにされている「独占的構造」で説明したり、低開発状態からの脱却の道を、文革期中国、ポルポト政権下カンボジア、現在の北朝鮮型の一国社会主義体制の樹立による世界資本主義体制からの離脱（delinking）に求めるなど、理論的緻密さと現実的実証性に欠けるものだった。またその世界資本主義体制の構造認識における中枢—衛星二層構造論は、この体制下で現実に起こった歴史的変化の過程を十分に説明し難い理論であった。すなわち、中枢による衛星からの余剰の一方的収奪・流用の論理からは、中枢—衛星の不断の両極分化傾向が導かれこそすれ、一六世紀以来の近代世界史において、中枢中の中枢（いわゆるヘゲモニー国家）が、スペイン・ポルトガルから、オランダ、イギリス、米国へと交代し、かつては衛星的地位にあったオランダや米国や日本がのちに中枢グループの一角を占めるにいたった、同じ世界資本主義体制内での歴史的変遷は説明できないのである。

この難点を回避するためにフランクは、そうした交代が起こるのは、世界資本主義体制が危機に陥った時期に、中枢—衛星関係が崩壊し、衛星にこの体制からの離脱（delinking）のチャンスが訪れると考える。ラテンアメリカで工業化が進展したのは、第一次世界大戦期や、一九三〇年代大不況期と、それに続く第二次世界大戦期であり、その後に世界資本主義体制が再建され、中枢が成長期に入り、ラテンアメリカがその体制に再結合されるや再びこの地域の「低開発の発展」が始まったとする、ラテンアメリカについての実証研究がそれを示すとされている。(17)

しかし、「一九世紀以来、民族資本主義にのみ依存して経済発展へ向かって衛星国の地位から脱皮しえたものは一つとしてなかった」として、一九世紀以後に発展してきた後発資本主義国である、米国、カナダ、オーストラリアは、一八世紀までにすでに国際的な経済的自立を「実質上なし遂げており」、ドイツ、日本は衛星的地位を経験したことがなく、旧ソ連は社会主義体制によって世界資本主義体制から離脱したというフランクの説明は[18]、歴史的な検証に照らして相当に苦しい。米国のイギリスからの独立(一七七六年)こそ一八世紀末であったが、一九世紀初頭に宗主国スペイン・ポルトガルからの独立を達成したラテンアメリカ主要諸国(一八一六―二五年)に対して、ドイツ近代化の端緒をなすドイツ関税同盟の成立は一九世紀前半(一八三四年)、日本の明治維新(一八六八年)、カナダの独立(連邦政府樹立、一八六七年)はいずれも一九世紀後半、オーストラリアの独立(連邦政府樹立、一九〇一年)は二〇世紀初頭だったからである。また、「現代」の世界経済の現実の動きが、資本主義的世界市場から離脱した旧ソ連・東欧、文革期中国、旧カンボジア、現北朝鮮等が経済的停滞に陥り、今や「開放路線」に転換しつつあること、それとは対照的に、その世界市場と深く結びついてきたアジアＮＩＥＳが急成長を遂げてきたことは、フランク・テーゼとは全く逆の現実であった。

(2) ウォーラーステインの三層構造論

前述のフランクの二層構造論に対してウォーラーステイン「世界システム論」は、世界システムの構造を中核(core)―半周辺(semi-periphery)―周辺(periphery)の三層構造をもつものとしてとらえ、さらにまた、フランクにはなかった分業の世界的展開を下部構造とする世界システムの上部構造要素にあたる「ヘゲモニー国家」や「国家間システム」の概念をも導入することで、ある程度は近代世界システムにおける歴史的変遷を説明しうる分析的枠組みを提供している。

フランクによる不断の国際的両極分化論とは異なって、その国際的三層構造論では、世界経済の収縮局面における中核の半周辺への転落と半周辺の中核への上昇、半周辺の周辺への転落と周辺の半周辺への上昇の可能性が承認される。そして実際に、「資本主義世界経済自体の歴史的進化」として、中核、半周辺、周辺間の次の交代現象が存在したことが示されている。[19]

第一段階（一四五〇—一六四〇年）：中核的地位のスペイン・北イタリア諸都市国家から北西ヨーロッパの国々への交代と、前者の半周辺的地位への転落、北東ヨーロッパおよびラテンアメリカの周辺への編入。

第二段階（一六五〇—一八一五年）：オランダのヘゲモニー継承をめぐってフランスと争ったイギリスによる、中核的地位およびヘゲモニーの確立。

第三段階（一八一五—一九一七年）：イギリス・ヘゲモニー下での、半周辺諸国グループ（フランス、ドイツ、ベルギー、米国、ロシア、日本）の形成と、ラテンアメリカの全域、アジアとアフリカの周辺への編入。

第四段階（一九一七—六五年）：イギリス・ヘゲモニーの継承をめぐるドイツ、米国の争い。二つの大戦でのドイツの敗北と米国へゲモニーの確立（一九四五—六五年）。この段階に適合的な新たな半周辺グループの形成。[20]

「現段階」（一九六〇年代末—）：米国へゲモニーの衰退と、米国、EC、日本、旧ソ連四極構造の出現。

ウォーラステインによれば、こうした世界システム内での中核・半周辺・周辺構成諸国の変化は世界的景気循環の下降局面において起こり、上昇局面では、その位階的秩序は維持・固定化されるのみならず、それぞれの格差は拡大する。オランダのヘゲモニーの崩壊は一六五〇年から一七三〇年までのシステムを包含した規模の不況を契機にし、イギリスのヘゲモニーの崩壊は一九世紀の最後の三分の一の時期の経済危機を契機にし、米国のヘゲモニーの崩壊は、一九六〇年代末の「ドルと金の危機」を契機にしている、というのである。そしてその原因としては、第一に、世界システムを維持するためにヘゲモニー国家に課された膨大な軍事的・政治的経費が、不況による利潤獲得機会の減少によって重荷となってくること、第二に、中核地帯で現われた過剰生産とそれに起因する中核諸国家間での過当な販売競争によって、半周辺諸国に交易条件面でのバーゲニング・パワーが生み出され、半周辺諸国の一部に中核への上昇のチャンスが生まれる、と説明される。

こうした説明にはいくつかの難点がある。第一に、仮に下降局面における交代の論理を認めるとしても、その局面において中核に上昇する半周辺国は、その全てではなく一部である以上、その前の上昇局面において来るべきチャンスに向けての準備を整えた諸国だとみなされるべきであり、その意味では、上昇局面における格差の拡大のみならず、中核の活況の「波及効果(spread effect)」も存在することが認められるべきであろう。また第二に、中核における過剰生産は、半周辺・周辺の中核向けの輸出停滞を通じて、中核の停滞と同程度あるいはそれ以上に生産過剰状態と収縮を半周辺・周辺にもたらし、むしろそこでのバーゲニング・パワーの減退をもたらすと考えることが経験的にも理論的にも自然であろう。それについて筆者は、別の機会にその詳細に言及しているので、ここではそれを問わないでおこう[21]。世界システム内での変化過程ならびにその経済的論理の追跡そのものではなく、このシステムの三層構造の不変性の強調こそがウォーラーステインの主目標だからである。

　すなわち彼の力点は、その構成グループの変化がいかようなものであれ、一六世紀以来の近代世界システムが、その初期における環大西洋世界での「ヨーロッパ世界経済」の出現から、一九世紀以降における真にグローバルな存在としての世界システムへと「進化」してきたこと、この「進化」の過程をつうじて、このシステムは、世界経済の下降局面における幾度かのシステム的危機とその再編の時期をもちながらも、それが上昇局面に入るや、つねに三層構造を再建することによってその生命力を維持してきたこと、また、いずれの国や民族がその位置を占めるにしろ、このシステムの両端部の間にはつねに両極分化傾向が作用し続けていることに向けられているからである。そして一面では周辺から半周辺へ、半周辺から中核への位階的上昇の可能性を認めながらも、他面では、周辺国から半周辺国への上昇や、半周辺国から中核国への昇格は、上位グループの誰かをそこから引きずり降ろしたり、構成グループの他のメンバーを犠牲にしたりするにすぎないとしているからである[22]。

　すなわち、「そのような地理的シフトや形態シフトさえ、システムの基本的な構造変化を形成するものではない。そのシフトは主として『椅子とりゲーム』のようなものであって、そこでは中核と周辺という相対的役割は依然変わらず、解消することはない」という明確な指摘がそれを示すように[23]、ウォーラーステインの論理展開の基調は、フランク同様に世界システムにおける両極分化傾向の連続性にあることは否定しえない。

　しかしながら、そうした分析的枠組みの中においてであれ、世界システムの構造的連続性と変化の両面をとらえることで、一方では、周辺→半周辺→中核の発展経路を展望する単線的発展史観への傾斜に歯止めをかけると同時に、従属理論がその出現によって説明力を失ったとされるアジアＮＩＥＳの中核に向けての上昇の動きや、(24)それと並行して起こっているラテンアメリカＮＩＣｓや旧ソ連・東欧諸国の失速、低所得諸国の貧困と飢餓の継続と深化を同時的に説明するものとして、この理論は前述のフランク二層構造論を超えた分析的枠組みを示唆しているといえよう。

(3) 世界システムと国家

ウォーラーステインによる世界システムは、定義上単一の世界分業体系をその下部構造とするものであるが、その上部構造として国家間システムが想定されている以上、世界システムにおける国家をどうみるかは重要な検討課題であろう。彼自身がすでに「ヘゲモニー国家」概念の導入とその交代の論理の導入によって、国家間関係の歴史的変化の過程の検討の必要性を示しているからである。

それではウォーラーステインの論理からは、国家間の強弱ないし位階的序列はどのように決定されるのであろうか。すでに示したように国家間システムの中におけるこの国家権力は、世界的規模での社会的分業の物的表現である世界的商品連鎖の中におけるその位置によって規定されるものとみられている。すなわち、その商品連鎖の中で強い国家が占める環は、その商品連鎖の中核的部分——その具体的な商品種類はどこにも示されてはいないが——だと考えられている。だがそれと同時に彼は、「すべての国家は、実質的な権力によるハイアラキーのどこかに位置づけられてきたわけだが、こうした権力の強弱というものは、官僚制や軍隊の大きさとその拘束力などでは測れないし、イデオロギー的統制の強さによっても測定はしえない。それは何よりも、競争相手となる国々に比べて、この国家が長期にわたって、その国内で資本の集中を効果的に促進する能力を発揮できるかどうか、その一点にかかっている」〔傍点——引用者〕と述べ(25)、そうした能力の決定要素として、領土の支配権、課税権、軍事権と共に、自国領内における社会的生産関係、労働管理様式の規制権を挙げている(26)。これは彼が社会的生産関係を規制することで資本蓄積を促進する国家の対内的機能を認めていることを意味する。

こうした論理構成のもとで、国家に国内で資本の集中を促進する能力ならびに商品連鎖の中核部分を独占する力を付与する基礎的な条件は一体何であろうか。ウォーラステインの論理展開の中にはこの点で一つの循環論法がある。強い国家は、国際的商品連鎖の位階的序列の中核部分を掌握し、また、そうした中核部分の掌握は、国家間システムにおけるその国家の対内的機能の強弱およびその位階的位置によって決定され固定化される、という循環論法である。

そうした循環論法から逃れるためには、われわれは、ウォーラースティンの論理展開の中に欠落しているもう一つの決定変数を組み込まなければならない。世界的分業の展開のみではなく、国家の対内的機能に係わる一定地域内での対内的分業の展開という変数をもである。近代世界の形成史の始まりを振り返ることによってそれを示そう。

一六世紀における近代の幕開けの契機となった「地理上の発見」は、ラテンアメリカとアジア世界から大量の金銀をヨーロッパにもたらすことによって、そこでの「価格革命」と呼ばれる長期の物価騰貴（一六世紀半ばから一七世紀半ばまでの一世紀間にヨーロッパの物価水準は三倍に上昇したといわれる）をもたらした。そしてこの「価格革命」が生み出したものは、広大な自然経済的な農業地帯の大海に商業的・手工業的・軍事的都市が「飛び領地」的に浮かび、農村からの貢納によって都市生活が維持される形での、「再分配的」中世ヨーロッパ世界の激変であった。

一つには、物価騰貴下での都市労働者の実質賃金の低下と借地農業者の実質地代の低下による、都市工業企業者と借地農業者の実質利潤の増大を通じて、工農業の投資活動が活発化した。もう一つには、以前にはその後背地である農村と貢納によって結びついていた中世ヨーロッパ都市と農村との間の商品交換を活発化させるとともに、農村内部での農業と農村家内工業との分離ならびに地域内分業の発達（いわゆる「局地的市場圏」の形成）を促すことになったのである。

そうした分業の地域ないし地方内での展開は、「ヨーロッパ世界経済」の成立と共時的に近代ヨーロッパ世界で起こった重要な出来事であり、近代ヨーロッパ諸国家の形成とその対外的・対内的政策は、そうした分業の内的展開の範囲を基盤にしたものであった。

この分業の内的展開の深化の極北にあるのが、「万物の商品化」すなわち生産手段と生産者との分離および労働力の商品化、すなわち、すでに前節でみた資本―賃労働関係という社会関係ないし「労働管理様式」の形成であり、その展開範囲を基盤に形成された近代国民国家は、その社会関係維持のための法律体系を整備することを最重要の政治的課題の一つとしてきた。そしてそうした域内社会的分業を基盤にして成立する近代諸国家の強弱は、そうした内的分業の発展の度合いによることは、マルクスが次のように指摘するところである。

「違った諸民族相互間の関係はそれぞれの民族がその生産力、分業およびその内部的交通をどの程度まで発展させているかによってきまる。……またその民族そのものの内部的編成全体もその民族の生産と内部的および対外的交通との発展段階に依存する。一民族の生産力がどれほど発展しているかを最も歴然と示すものは、分業の発展度である」[27]というのがそれである。そして、分業の対内的展開ではなく、植民地からの略奪とそこでの産業開発を本国の王室ならびに富裕階級の致富の主要な源泉としたスペイン・ポルトガルや、軍事的・商業的優位を通じて、近代世界システム内での中核的位置を維持しようとしたオランダから、国内的分業を最大限に発達させたイギリスに中核的位置が移動し、やがてこの国が、真の意味でグローバルな世界システムを作りだす原動力の役割を果たすことになったのである。

分業の対内的展開が最初に起こったことを、ここでウォーラーステインの理論に対置したいのではない。近代国家形成以前に何らかの対外的交易関係を持たなかった民族はない。また近代国家形成後に対外的貿易関係を持たない国もない。ただ対外的分業の展開は対内的分業の展開と不可分に結びついていることを指摘したいのである。世界的分業の展開の側面から見れば、対内的分業の展開は、世界的分業のネットワークの結び目、あるいは瘤である。また、対内的分業の展開の側面から見れば、世界的分業は対内的分業にとっての不可欠な環境である。この両側面を統一的に把握することこそが、一六世紀以来の近代ヨーロッパで起こった国家間システムにおける諸国家間の争いと力関係の変化をその深層において説明する道であろう。

ただし、ヨーロッパにおける内的分業体系の発展の産物である近代的工業製品（中核的商品）の登場によって、新たに作り変えられた世界的分業のネットワークに組み込まれたことによって、逆に内的分業の展開が妨げられた植民地・半植民地・従属諸民族にとっては、その世界的分業の重みは決定的である。そうした世界システムに組み込まれたことが低開発の原因であるとする従属理論や世界システム論が大きな説得力をもってきたのは、そうした低開発の原因究明の問題を真正面に取り上げるときであった。そしてそれは、それまでの単線的発展史観のもとで不当にも社会科学的分析の主題からはずされてきた重要問題に強烈なスポットライトをあてるものであった。その点は十分に評価されてよい。しかし逆にそうした側面の過度な強調もまた、世界システムの進化過程ならびに現実と問題解決のために必要とされる戦略的課題を過度に単純化する危険性をもっていることはすでに指摘しておいたところである。「現代」の国際政治関係における、旧植民地・半植民地・従属諸国の国家的独立あるいは国家的主権の強化への動きと産業保護政策の採用は、その歴史的条件下でのそうした戦略的選択肢の一つであり、これまでのところそれなりに一定の成果をおさめてきたことは否定できない。戦略的課題としての近代世界システムからの「離脱」あるいはそのシステムの廃棄の主張は、システム解釈の過度の単純化にもとづく戦略設定といわざるをえないのである。

三　世界システムと「現代」――むすびにかえて――

本章のはじめに述べたように、第二次世界大戦終了以降の時代は、西側世界における米国ヘゲモニー体制の時代だったとともに、植民地独立の時代でもあった。一六世紀以来列強諸国によって次々と植民地化されたアジア、アフリカ、ラテンアメリカの諸民族が独立を達成し、形式的には国家主権を持ちながらもさまざまな不平等条約によって主権を著しく制約されてきた半植民地・従属国もその主権を強化した。その主要な原因を、門戸開放政策を伝統的な対世界政策とする米国がこの時期のヘゲモニーを掌握したことや、東側社会主義陣営による支援があったことに求めるのは、余りにもそれらの民族の主体性を無視した一面的な見方である。先進諸国の近代国民国家形成史にのみ光をあてて、もう一方での従属世界の側の歴史を陰の部分に追いやってしまってきたことに近代歴史科学の方法と歴史記述上の大きな問題点がある。後の諸章で筆者が繰り返し強調するように、それら従属諸民族の側においても、列強による政治的・経済的支配に対抗して国民国家を形成しようとする民族解放運動が近代史の中で脈々と続いてきたからである。[28] そしてこの民族解放運動は、第二次大戦終了時から一九六〇年代末にかけての旧植民地諸国の政治的独立という点では一応の成果を獲得し、世界はポスト・コロニアル・エイジ（脱植民地時代）とも呼ぶべき新しい段階に入った。

この時代において、旧半植民地・従属諸国を含む新興諸民族が目指したものは、新しく形成された国家を通じて、以前の世界システムの基盤であった世界分業体系、すなわち旧植民地・従属諸国の農業・鉱業生産と宗主国・支配諸国の工業生産との間の国際的分業体系を打破し、その国内において重層的な内的分業体系を構築することであった。その試みを表現する共通のスローガンが「工業化」であり、その多くが一九世紀後発資本主義国型の輸入代替工業化戦略をもって追求された。東欧と東アジアで樹立された新興社会主義諸国が初期に進めた「重工業優先発展戦略」も、同じ輸入代替工業化戦略の旧ソ連型の一変種であった。そうした試みのすべてを、かつて原理主義的従属論者（ネオ・マルクス主義者）が主張したように近代世界システムそのものの打破なしには無益であり幻想であったとみなすことはできない。戦後世界システムにおける米国へゲモニーの一つの国際的表現であったＩＭＦ・ＧＡＴＴ体制に対抗して一九六〇年代中葉に成立したＵＮＣＴＡＤ（国連貿易開発会議）や七〇年代中葉のＮＩＥＯ

（新国際経済秩序樹立宣言）等は、ポスト・コロニアル・エイジにおいて改めて構築された国家間システムのもとでの新興諸国の主張を反映したものであり、それによって南側世界での一定の工業化の進展がみられ、その中から新興工業諸国（ＮＩＣｓ、ＮＩＥＳ）と呼ばれるグループの出現をもみたからである。

ただしそうした動きを、一六世紀以来継続してきた世界的不平等の解決に向けての着実な動きが始動したことを示すものだと主張したいわけではない。国家的独立が、植民地時代に列強の力関係によって恣意的に引かれた境界線に応じてなされ、そのために構成諸民族間の新興国家権力をめぐる紛争が絶えなかったアフリカ諸国や、国家権力が一部の農業・鉱業的利益集団や官僚層に握られ、土地所有における不平等の継続のほか、各種の国内的不平等への不満が強いラテンアメリカの多くの新興諸国では、貧困の継続や成長の挫折がある。南側世界のこうした影の部分の継続は決して無視されてはならない。

だがそれと同時に、このポスト・コロニアル・エイジにおける工業国と農業・鉱業国との間での旧い世界的分業体系への異議申し立てと並行して、この分業体系そのものが質的に大きく変化しつつあったことは、世界経済システムの「現段階」をみる際に決定的に重要である。

戦後「現代」史の中での西側先進世界での新たな資本蓄積と急速な技術的進歩、なかでも戦前型の重厚長大型工業を中心とした資本集約的産業から、情報・通信・運輸技術の発達を基礎とした研究・技術集約的産業への移行にともなう国内的・世界的分業体系の変化がそれである。先進諸国におけるそれに伴う産業構造変化は、巨大企業の国境を越えた生産活動の展開を通じて、戦前の一次産業―二次産業間の産業間世界分業から、労働集約的工業―資本集約的工業間の産業内世界分業へ、さらには労働集約的工程―研究・技術集約工程間の企業内世界分業へと、世界的分業体系の基軸を大きく変化させた。そうした世界的分業体制が「現段階」の世界経済に与えている影響は極めて大きい。

第一に、すでに一九六〇年代に戦後復興を完了した西ヨーロッパの追い上げによってその絶対的な世界的優位が崩れつつあった米国の、この変化過程の第一局面における産業的優位の崩壊がある。また一九七〇年代の石油危機以降の変化過程の第二局面において、米国は省資源・省エネルギー製品生産において日本に決定的な遅れをとった。一九九〇年代に入って、ハイテク・ハード製品における日本の優位に対するハイテク・ソフト産業であるＩＴ産業、金融業における米国の猛烈な巻き返しにもかかわらず、第一、第二局面を経て今や世界最大の債務国であり、弱体化したドルを抱える米国のかつてのヘゲモニーの回復を語るには大きな無理がある。

また第二に、その開発戦略を、この変化に反応した先進諸国直接投資の受入れとそれによる輸出指向工業化戦略にいち早く転換したアジアＮＩＥＳの「成功」と、そうした転換に遅れをとったラテンアメリカＮＩＣｓの失速がある。そして最後に、重厚長大型工業における西側先進国へのキャッチ・アップに全力を傾注してきた旧ソ連・東欧社会主義体制の崩壊の底流には、この新しい世界的分業の展開への即応体制の大幅な立ち遅れがある。

新興諸国にとってこうした世界的分業体系の変化と、それにともなう先進諸国多国籍企業の受入れは、すでに一九七〇年代以来、一九世紀型の国民国家の形成にとっての外側からの制約になっていた。工業化資金の不足を補う重要な方策としての海外直接投資の受け入れは、受入れ国側マジョリティ支配原則、ローカル・コンテンツ法規制、輸出義務化等の投資規制に対する投資忌避、振替価格操作、タックス・

へブン利用による租税回避等、さまざまな形で受入れ国側主権を制約することになったのである。

それに加えて、八〇年代末以来の東西冷戦体制の崩壊は、西側陣営グループであれ、東側陣営グループであれ、非同盟中立グループであれ、新興国家存立の正当性の維持そのものをも困難にするものであった。所属グループ内での存在価値の誇示であれ、東西両陣営に対するバーゲニング・パワーの発揮であれ、国家的統一を至上目標とさせた国際環境の消滅、計画経済に対する信頼性の大幅な低下によって、それまでそのもとで抑えられてきた国内諸構成層（貧困状態を耐え忍んできたエスニシティ・グループ、宗教グループ、性的・社会的被差別層等々）の不満と自己主張が一気に噴出することになったのである。

こうして「現代」世界システムのなかでの「現段階」を特徴づける第一のものは、新興諸国の工業化フィバーをともなった、新しい世界的分業体系に向けての移行の動きであり、その過程での労働集約型産業、重厚長大型産業の半周辺部への移転、技術・研究集約型産業を中心とする企業内分業の世界的拡大である。それはアジアＮＩＥＳでの輸出指向型工業化を促進させた要因ではあったが、それと同時に、先進諸国での国内的分業体制の転換要因ならびに、半周辺・周辺諸国での国内的分業編成にあたっての新たな攪乱要因となって、世界的な失業者の増大と、半周辺・周辺国遊休労働力の国境を越えた移動をもたらした。また周辺部最貧国での貧困の継続と飢餓は、これらすべての動きから切り捨てられた状況下での惨状を示している。今や世界的分業体系からの離脱そのものが、低開発と貧困の原因となるに至ったのである。

そしてその第二の特徴は、国内での民族間紛争が激発している新興諸国のみならず、ＥＵ統合にみられる西欧世界や、構成諸共和国の分離独立と再編成下にある旧ソ連、東欧諸国、現ロシア連邦、東・中欧諸国を含めて展開しつつある国民国家の衰弱・弱体化等、一九世紀型国民国家体制による国家間システムの世界的な大変動である。ＥＵ、ＮＡＦＴＡ（北米自由貿易協定）にみられる西ヨーロッパと北米での地域主義的再編の動きや、それに対抗しようとするアジアでの、ＡＰＥＣ（アジア太平洋経済協力閣僚会議）、ＡＦＴＡ（ＡＳＥＡＮ自由貿易地域）、ＥＡＥＣ（東アジア経済協議体）構想等をめぐる複雑な動きは、既成国家単位での見直しという形での国家間システム再編の現れである。

また、そうした国家単位での見直しの動きを越えて進みつつある異なった動きもある。各国国内諸地方での直接的な地方間国際交流・国境貿易のほか、国家的規模での開発戦略への代替的戦略として登場している、地方的風土と環境に根ざした持続的開発戦略の試みや、国際的な環境保護、貧困撲滅、人権擁護等における各種ＮＧＯ活動の国際的展開がそれである。それらの動きは、旧来の国家間システムに代えて、地方間、住民間での新たな世界システムを生み出すための胎動かも知れない。

「現段階」でのこうした状況の先に、われわれは何を見通すことができるであろうか。ＷＴＯ（世界貿易機関）が目指す、近代世界システムと国家間システムの新たな再編をであろうか。あるいは一九三〇年代世界不況期に現れたブロッキズムの再現をであろうか。あるいはまた、近代世界システムの超克をであろうか。

この点についてウォーラーステインは「現段階」を、かれが「ロジスティック曲線」と呼ぶ世紀的単位周期（一五〇〇―一三〇〇年周期）での超長期波動の停滞局面と、ほぼ五〇年周期（四五―六〇年周期）での「コンドラチエフ波動」にしたがった下降的「変動局面」が合流した、一つの史的システムとしての近代世界システムそのものの危機の段階だという認識を示している[29]。

「史的システムの危機という用語にたいして、わたしは一つのシステム内の変動局面的な諸困難という意味ではなくて、……結局システムそれ自体が消滅せざるをえなくなるような状態、という意味を与えることにしたい。……大規模なシステムにおける『移行』は、（おそらく必然的に）中程度の長期的な期間のものになりがちで、しばしば一〇〇年から一五〇年の期間を要する。われわれは現在、そうした移行期に、つまり資本主義世界経済から何か別なものへの移行期に生きているのである」というのである[30]。

この刺激的な「現段階」認識と、それによって導かれる将来展望の当否をここで論ずるには余りにも判断材料に欠けている。それは、現段階の世界経済で展開中の諸々の出来事についての慎重な観察と分析の積み重ねを通じてのみ可能になるであろう。後続の諸章がそのための一助となれば幸いである。

（1） Gallagher, J. & Robinson, R., The Imperialism of Free Trade, *The Economic History Review*, Vol.VI, No. 1, 1953.
（2） I・ウォーラーステイン『世界経済の政治学——国家・運動・文明』（田中治男・伊豫谷登士翁・内藤俊雄訳、同文舘、一九九一年、原著一九八四年）六二—五ページ。
（3） 森岡清美・塩原勉・本間康平編『新社会学辞典』（有斐閣、一九九三年）五五三、六一五—六ページ。
（4） W・W・ロストウ『経済成長の諸段階』（木村健康・久保まち子・村上泰亮訳、ダイヤモンド社、一九六一年、原著一九六〇年）。
（5） この点について、マルクス自身がどのように考えていたかは、まだ十分に解明されていない。マルクスの著作のなかには、『経済学批判』序言、『資本論』初版・序言が示すような単線的発展史観につながると解釈されうる見解や、「インド論」が示すような資本の文化化作用論がみられると同時に、彼の「ロシア論」や「アイルランド論」でのように、それへの否定的な見解も示されているからである（この点については、本多健吉『〔改訂増補版〕資本主義と南北問題』〔新評論、一九八六年〕第一部「マルクス主義と低開発世界」で詳しく検討しておいた）。また彼自身が、資本主義を一国的なシステムと考えていたか、あるいは世界的なシステムと考えていたかについても論争が繰り返されてきた。

そのために、マルクス以後のマルクス主義の中には、世界資本主義論（したがって世界革命論）や一国資本主義論（したがって一国革命論）、後進諸民族に対する資本の文明化作用論や資本による収奪と非文明化作用論等のさまざまな系譜が見られる。しかし、一九一七年のロシア革命以降に国家権力を掌握したマルクス主義政権によって提示された正統派マルクス主義は、一国資本主義論（したがって一国革命論）と、資本による非文明化作用論をその基本理論としていたとみてよいであろう。

(6) I・ウォーラーステイン『脱＝社会科学――一九世紀パラダイムの限界』（本多健吉・高橋章監訳、藤原書店、一九九三年、原著一九九一年）三八五ページ。

(7) I・ウォーラーステイン、前掲書（注2）、二三六ページ。ただし、訳書の「互恵的ミニシステム」を「互酬的ミニシステム」に変更した。なおこの箇所でウォーラーステインは世界システムの「第四の将来形態」として「社会主義世界政府」を挙げている。

(8) 同右書、一四章。なお「長期の一六世紀」および「ヨーロッパ世界経済」については、ウォーラーステイン『近代世界システム〈I〉』（川北　稔訳、岩波書店、一九八一年、原著一九七四年）二章参照。そして「長期の一六世紀」は、コロンブスのアメリカ大陸到着（一四九二年）から三〇年戦争の終結によって西欧各国の近代的国家主権が確定したウェストファリア条約（一六四八年）にいたる期間にほぼ対応する。

(9) I・ウォーラーステイン、前掲書（注6）、一〇三―四ページ。

(10) 『資本論』（長谷部文雄訳、第一部上冊、青木書店、一九五三年）七一ページ。

(11) I・ウォーラーステイン『資本主義世界経済〈I〉』(藤瀬浩司・麻沼賢彦・金井雄一訳、名古屋大学出版会、一九八七年、原著一九七九年)一七、一九ページ。

(12) 同右書、二〇ページ。ウォーラーステインは、大半の古典派経済学者とマルクスが「資本主義システムを特徴づけるさいに、とりわけ自由な労働に力点をおいた」と指摘し、「このモデルと異なるどんな労働条件も、それが異なっていれば異なっているほど資本主義的ではなくなると考える傾向があった」ことを批判する。そして資本主義世界システムは「賃金労働と、非賃金労働の広汎な領域、商品と、非商品の広汎な領域、富と資本の譲渡性と、非譲渡性の広汎な領域が、このシステムに包摂されていることを理解するならば、いわゆる自由労働と不自由労働の『組み合せ』や混合が、それ自体で史的システムとしての資本主義の明確な特徴となっていないかどうかを、少なくとも考えるべきである」と指摘する(ウォーラーステイン、前掲書〔注6〕、三六〇—三ページ)。

(13) I・ウォーラーステイン、前掲書(注6)、第一一章「マルクスと低開発」。ここでウォーラーステインは、この理解がマルクスの理解と相反するものでないことを明らかにしようと試みている。

(14) 同右書、第六章「ミュルダールの遺産——ジレンマとしての人種差別と低開発」、特に一三三ページ。

(15) A・G・フランク『世界資本主義と低開発』(大崎正治ほか訳、柘植書房、一九七六年、原著一九七五年)三六ページ。

(16) 同右書、二六ページ。

(17) 同右書、二三八—四〇ページ。

(18) 同右書、八二ページ。

(19) I・ウォーラーステイン、前掲書(注11)、三〇—八ページ。

(20) ウォーラーステインはこの半周辺グループとして、ラテンアメリカのブラジル、メキシコ、アルゼンチン、ベネズエラ、チリ、キューバ、ヨーロッパ外縁のポルトガル、スペイン、イタリア、ギリシア、東ヨーロッパの大部分、北欧のノルウェー、フィンランド、中近東・北アフリカのアルジェリア、エジプト、サウジアラビア、イスラエル、ブラック・アフリカのナイジェリア、ザイール、アジアのトルコ、イラン、インド、インドネシア、中国、朝鮮、ベトナム、旧英連邦のカナダ、オーストラリア、南アフリカ、ニュージーランドを挙げている（ウォーラーステイン、前掲書（注11）、一三三ページ）。

(21) この点については、本多健吉『〔改訂増補版〕資本主義と南北問題』（新評論、一九八六年）二三一―四ページ参照。

(22) I・ウォーラーステイン、前掲書（注11）、一三三―四ページ。

(23) I・ウォーラーステイン編『長期波動〈世界システム二〉』（山田鋭夫ほか訳、藤原書店、一九九二年）一四―五ページ。

(24) 金泳鎬はこの動きを、ウォーラーステインの三層構造を「半中枢 semi-core」を含む四層構造に拡張することによって説明している（金泳鎬『東アジア工業化と世界資本主義』東洋経済新報社、一九八八年、第九章「東アジア周辺経済史の新しい枠組み」参照）。

(25) I・ウォーラーステイン『史的システムとしての資本主義』（川北稔訳、岩波書店、一九八五年、原著一九八三年）七一ページ。

(26) 同右書、六三―四ページ。

(27) マルクス＝エンゲルス「ドイツ・イデオロギー」、『マルクス＝エンゲルス全集』第三巻（大月書店）一七ページ。

(28) この点については、本多、前掲書（注21）、六八―九ページ参照。

(29) I・ウォーラーステイン、前掲書（注2）、第四章「資本主義世界経済の歴史における覇権の三つの事例」、およびI・ウォーラーステイン、T・K・テレンスほか「資本主義世界経済の循環リズムと長期的トレンド――いくつかの前提、仮説、問題」（I・ウォーラーステイン編『長期波動〈世界システム二〉』山田鋭夫ほか訳、藤原書店、一九九二年〔原論文一九七九年〕所収）を参照せよ。

なお、前者の訳では「ロジスティックス（logistics）」が「兵站（学）」と訳出され、後者の訳では「ロジスティック曲線」と訳されている。成長率がゼロないしその近傍にある停滞的局面から、それが上昇に転ずる繁栄局面を経て、再び高原状態の停滞局面に入る状態を示す曲線を表す後者の訳が適切であろう。なおこの曲線は通常、人口動態の長期的趨勢を示すのに用いられる。

(30) I・ウォーラーステイン、前掲書（注6）、三八ページ。

第Ⅱ章　近代世界経済の形成

はじめに

世界経済の中で特定の国あるいは特定の民族が占める位階的地位とその変化は、世界史の中でそれぞれが置かれた時間的・空間的位置と、それぞれの国内的条件との相互作用によって決定される。特定の一国（あるいは複数の国）が世界経済の中での中核的位置、あるいは中核中の中核であるヘゲモニー（覇権）国家の地位を占めるや、他の国々あるいは諸民族は、中核的な国によって造りだされる分業の国際的展開の中に包み込まれることで、世界経済システムの中における特定の位置と役割を与えられる。だが、この位置は決して固定的ではなく、産業技術の進歩とともに変化しつづける国際的分業体系の中で、中核国から発する新しいシステムの鼓動を取り込むことを可能にする国内的条件の形成に成功した国々の出現によって変更されうる。ここでは、一九世紀中葉にイギリスを中核として成立した真にグローバルな世界経済システムの形成に至るまでの過程を素描することによってそれを示したい。

一　近代世界経済の黎明——地理上の発見——

世界の異なった地域や民族間の生産物の交易や、それに伴う貨幣の流れは、古代にも中世にも存在した。生活必需品についての比較的恒常的な交易は、中世においても地中海沿岸諸地域や北海・バルト海沿岸地域、中国・東南アジア地域、あるいはインド・インド洋沿岸地域といった地域の範囲に限定されていた。しかし、奢侈品の特産物交易は、古い時代からそれら諸地域の間の不規則な遠隔地交易として行われており、一六世紀初頭までにはかなりの発達をみせていた。

一五世紀末のアフリカ回航（一四九八年）以前のヨーロッパとアジアの間で行われた東西遠隔地交易においては、インドの綿糸布、中国の絹、陶磁器、南アジア・東南アジアの香辛料（胡椒、丁子香《ちょうじこう》、ナツメグ、ジンジャー、肉桂、カルダモン、メース）が、南アジア・中東のイスラム世界を経由して、海路および陸路を通じてヨーロッパに持ち込まれ、その対価としてヨーロッパ世界からは、金銀、貴金属、象牙、毛織物が持ち帰られた。

こうした交易品の中で、アジアへの対価とされるヨーロッパからの商品種類が少なかったことについては、A・G・フランクが「アジアは、一般に、訪れてくるかまたは海岸に飛び地を作ったヨーロッパの商人に農産物と製造品を販売し、金と銀で支払いを受けた。ヨーロッパは、文明化されたアジア人に提供する他のものはほとんどなにも持たなかったし、彼らに貿易や生産を強要するに十分な軍事力はまだ欠いていたかあるいはそのための資金をもつことができなかった」からであると述べているところである。[1] また、その東西遠隔地交易の主要な担い手はヨーロッパ商人ではなく、一三世紀以来北インドを中心にしてインド半島全土に直接・間接の支配圏を確立したイスラム諸王朝庇護下のイスラム商人たちであった（図Ⅱ―1参照）。そしてこれらの交易品の多くは、富裕な貴族階級や商人たちの奢侈的消費用だったが、その中での胡椒は、肉類を常食とするヨーロッパの一般生活にとっても、保存と調理に有用で、他のスパイスに比較して安価な食材として生活必需品の一部となりつつあった。

ところが、一五世紀中葉のビザンツ帝国の首都コンスタンチノープルの占領（一四五三年、イスタンブールと改名）に続いて、半世紀の間に北アフリカ全土、ヨーロッパ世界ではイタリア半島以東の地中海沿岸から北はモスコワ公国国境にまで支配圏を拡大したオスマン・トルコ帝国の出現は、この交易にとっての重大な障害となった。この帝国がそこを通過する交易品について高い税金を賦課したほか、みずからも東西交易を独占し高利益を取得することを目指したからである。

一五世紀末の「地理上の発見」を促した大きな要因は、今や東方の産物の入手に莫大な対価が必要になってきた上に、それへの重要な見返り品であった西ドイツ産の銀、スーダン産の金の枯渇に当面しはじめたヨーロッパが、アフリカ西岸地域探検による貴金属や象牙の調達と、中東を迂回して直接にアジアに至る新航路の開拓を企てたことであった。エンリケ航海王子（一三六〇―一四五二年）の活躍で知られるポルトガル王室の後援による西アフリカ沿岸および沿岸諸島の探検と砂金、象牙、奴隷の獲得に続く、バルトロメオ＝ディアスの希望峰発見とバスコ＝ダ＝ガマによる希望峰回りインド航路の開拓（一四九八年）は、この東方の産物へのヨーロッパのあくなき渇望に促されたものであった。また、ポルトガルのこの動きに対抗するスペイン王室の後援の下でのイタリア人探検家コロンブスによるアメリ

図Ⅱ—1　アフリカ回航前の時代の国際商業圏

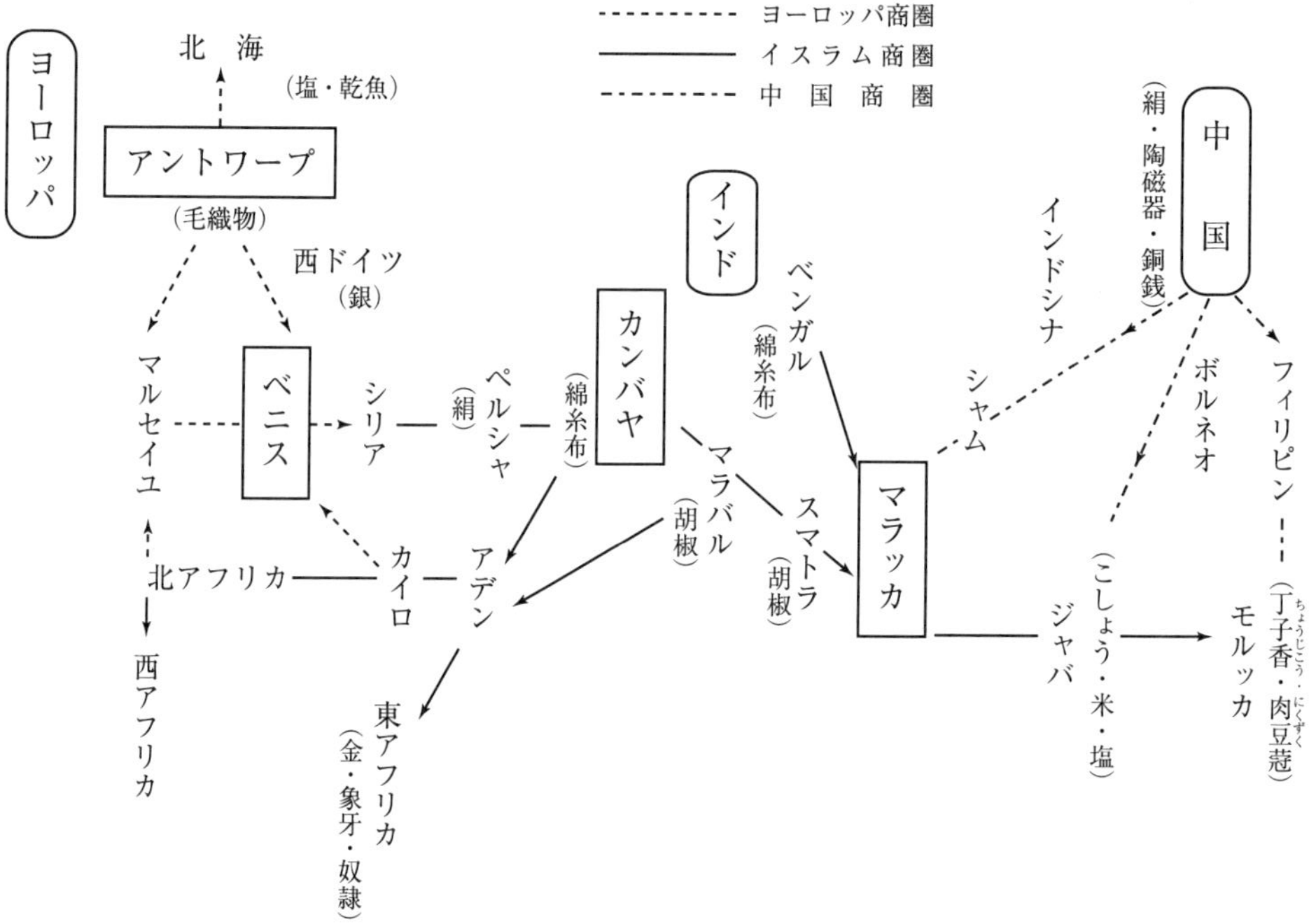

（出所）山田憲太郎『香料の歴史』〔精選復刻・紀伊國屋新書〕，1994年，132ページより作成．

カ大陸への到達（一四九二年）も、豊かな東方を目指した航海の意図せざる結果であったことはあまりにも有名な話である。

この東西新航路の開発がもたらしたものは、ラテンアメリカおよびアジア世界からの膨大な金銀その他貴金属の流入であった。現在の西インド諸島および中米地域、メキシコ、ペルーを中心にラテンアメリカ世界を征服したスペインは、はじめは、アステカ、マヤ、インカ文明の遺産としてそこに見いだされた金銀・財宝の略奪を通じて、[2]また、それが底を突くや、金銀鉱山の開発を通じて新たな富をヨーロッパにもたらした。また、東西アフリカ沿岸を経由してアジアに進出したポルトガルは、そこでの強力な諸帝国の存在の故にラテンアメリカでのスペインほどに広範囲で徹底した征服は不可能ではあったが、寺院、貴族の邸宅、イスラム商人からの略奪の他、貿易上の沿岸要地の領有支配による東西アフリカ沿岸貿易、東方貿易の独占と不等価交換を通じて、これまた、かつて東西遠隔地貿易によってヨーロッパからアジア世界に流出した金銀その他貴金属をヨーロッパへ還流させた。

このヨーロッパへの富の流入は、「地理上の発見」以降アフリカ黒人奴隷を「国際的主要商品」として、三世紀にわたって増大し続けた西ヨーロッパ、アフリカ西海岸、ラテンアメリカを結ぶ大西洋三角貿易の発展によってさらに加速化された。すなわち、ヨーロッパからの安価な織物、金属製品、鉄砲、ラム酒等と交換で入手されたアフリカ黒人奴隷は、始めはスペインとポルトガルの手によって、後には、オランダ、フランス、イギリスがそれに加わって、「新大陸」の金銀鉱山開発、砂糖・煙草栽培に投入され、この間に新産業開発と貿易による莫大な利潤がヨーロッパ商人の手に蓄積された。[3]そしてそれが、その間に進行したヨーロッパ世界とアジア世界との優位性逆転の起源をなすのである。

二　「ヨーロッパ世界経済」の形成

こうしてヨーロッパに流入した貴金属、とりわけメキシコ、中米、ペルーの銀鉱山開発によってスペイン経由で流入した銀の増大は、折から黒死病の終焉以降ヨーロッパで顕著になりつつあった人口増加による需要増大とあいまって、「価格革命」と呼ばれる長期の物価騰貴（一七世紀前半までの一世紀の間に物価水準が三倍に高騰）(4)を引き起こした。この物価騰貴は、広大な自然経済的な農業地帯の海に、商業的・手工業的・軍事的都市が飛び島的に浮かぶ中世的ヨーロッパ世界の経済社会構造を激変させた。

一つには、都市労働者の実質賃金低下と、地主・借地農業者の力関係の変化によって固定貨幣地代が成立している場所での貨幣経済化による実質地代の低下によって、都市工業企業者と借地農業者の利潤の増大を通じて、工農業の投資活動を活発化させた。またもう一つには、以前の中世的都市と、それまでその後背地をなしてきた自給自足的で現物経済的な農村との間の商品交換の発達を促すと同時に、農村内部においても、農業と農村家内工業との分離にもとづく「局地的市場圏」の形成をもたらした。だがこの変化は、ヨーロッパの異なった地域間の異なった歴史的・地理的・政治的条件の相違によって一様ではなく、ヨーロッパ世界の内部における一定の経済社会構造の分岐を生み出した。

ウォーラーステインは、「長期の一六世紀」（一四五〇―一六四〇年）に、「新大陸」とヨーロッパ世界を包含して成立した新しい「ヨーロッパ世界経済」を、北西ヨーロッパ諸国（イングランド、オランダ〔ネーデルランド〕――一五八一年に北部七州がスペインから独立を表明、一六四八年のウェストファリア条約によって正式独立承認――、北フランス）を中核とし、北イタリア諸都市国家、スペイン、ポルトガルを半周辺、東ヨーロッパ、ヨーロッパ大陸の大西洋沿岸諸島、アフリカ西岸、ラテンアメリカを周辺とする三層構造をもつ世界として描きだし、その分業関連ならびに、それぞれの地域における経済社会構造と「労働管理様式」の相違を次のように叙述している。

「一連の偶然事――歴史的、生態的、地理的な――によって北西ヨーロッパは一六世紀に、その農業の専門化を多様化し、またそれに一定の工業（繊維工業、造船業、金属器工業のごとき）を付け加えるためには他の部分のヨーロッパより良い位置にあった。北西ヨーロッパはこの世界経済の中核地域（core area）として登場したが、高い技術水準の農業生産に専門化したので、労働管理の様式としては借地農制や賃労働制が適していた。……東ヨーロッパや西半球は穀物、地金、木材、木綿、砂糖の輸出に専門化し周辺地域（peripheral areas）となった。そしてこうした産物のすべては労働管理の様式として奴隷制や強制換金作物労働〔ウォーラーステインは、いわゆる〈再版農奴制〉をこう呼んでいる――引用者〕の使用を有利としたのである。地中海ヨーロッパはこの世界経済の半周辺地域（semi-peripheral area）として現われ、高価な工業製品（たとえば絹）や信用・正金取引に専門化した。この地域は農業部面では結果的に労働管理の様式として刈分け小作制をもち、他の地域へはほとんど輸出していない。世界経済における三つの構造的地位――中核、周辺および半周辺――は、一六四〇年頃までには固定化した。(5)」

ここで注意さるべきことは、第一に、真にグローバルな世界的分業体制の成立は、次の段階をまたなければならず、その意味で「ヨーロッパ世界経済」(6)は、近代的世界経済システム成立に至る一つの過渡段階とみなされていることである。この「ヨーロッパ世界経済」がまだ、中近東、ロシア、およびアジアにおける「再分配的（諸）世界帝国」を含むに至っておらず、それらの地域にはまだ、それぞれの地域的分業圏が、それぞれの上部に再分配的世界帝国（オスマン・トルコ帝国、ロシア帝国〔ロマノフ朝〕、チムール帝国、ムガール帝国、明帝国）の政治経済的構成体として継続していたからである。

また第二に、一六世紀の初頭にラテンアメリカに広大な支配圏をもったスペインや、それらと結びついていた北イタリア諸都市国家が、中核的地位から半周辺の状態に落ち込んだとされている点にも重要な意味がある。スペインの場合その広大な帝国を支えるには余りにも費用がかかりすぎたことと共に、(7)北イタリア都市国家では都市労働者の力が強かったために実質賃金水準が下がらず、対照的に中世封建制の制約を広範に残していたスペインとフランスでは、実質賃金の低下が大きすぎて新産業に対する地方市場の規模が制約され、結局中程度の賃金水準のイギリス、オランダが資本蓄積の面での優位に立ったことが指摘されているのである。(8)また、スペイン王室の政策が、国内産業の育成よりは、大地主の擁護（したがって借地農制の未発達）と、生産者の移民と植民地経営に向けられたことによるとされていることは、(9)世界経済の中での中核的地位を長期にわたって維持しうるのは、単なる商業的富の蓄積ではなく、それによって国内の工業的・農業的発展をどれだけ押し進めうるかという内的条件によることを示唆するものである。

三　中核国家イギリスの登場

この点で、最終的に一七世紀後半以降のポスト「ヨーロッパ世界経済」の中核的位置を獲得し、さらに進んで真にグローバルな近代世界経済の形成の中心となったのがイギリスであった。それを可能にした諸条件を考えてみよう。

まず国際的条件として、「新大陸」ならびに東方貿易におけるヨーロッパの主要輸出品であった毛織物生産の中心が、北イタリアのフローレンスおよび南オランダ・北フランスのフランドルから、一六世紀後半から一七世紀半ば頃までにその地域から移住してきた毛織物生産者によって繁栄したアムステルダムやロッテルダムに、そして最終的にはイングランドに移ったことである。前者の二地域は中世以来の毛織物工業の中心地であったが、その製品はヨーロッパ都市間貿易や東方貿易向けの奢侈品であり、「ヨーロッパ世界経済」規模での低廉で大量の供給能力を持たず、それに代わってまずはオランダが「ヨーロッパ世界経済」向け貿易と生産の中心地になった。しかし、そこでの毛織物工業もまた、羊毛原料をイングランドとスペインに依存したほか、オランダ商人資本の問屋制的支配の下での輸入粗布の加工と染色・仕上げを中心とした中継加工貿易的生産の性格が強く、最終的には、一五世紀末に始まった牧羊エンクロージャーによって羊毛原料供給を増大させながらオランダ毛織物工業向けに半製品粗布を輸出していたイギリスが、オランダに対抗しながら広範囲な「ヨーロッパ世界経済」向けの毛織物生産と直接貿易を発達させるに至ったのである。

次に国内的には、イギリスにおいては早期に近代的借地農制ならびに賃労働制が成立し、それが農村と都市との間の分業ならびに農村内部の分業の発展に有利に作用する内的条件を形成したことが挙げられよう。この点はウォーラーステインが、フランスの経済史家マルク・ブロックの主張を次のように要約しているところである。

「イギリスでは法体系が領主により多くの自由を与えていたから、貨幣地代にもとづく借地契約や賃金労働が発展し続け、大規模な牧場が成立したのであり、いまやジェントリに上昇しつつあるヨーマン＝農業企業家の繁栄がもたらされた……。農村の労働者を都市に追いやり、工業化の労働力となるプロレタリアートを形成させたのも、イギリスの法体系であった。他方、フランスでは、一見奇妙に聞こえるかもしれないが、王権が強大であったからこそ、領主層は経済的に機能性の低い、より『封建的』な土地保有態様〔現物地代や労働地代の取得――引用者〕を維持せざるをえなかったのであり、結局フランスの発展が遅れたのである」[10]と。

そして、一七世紀における二度の市民革命（一六四二―四九年の清教徒革命、一六八八年の名誉革命）がイギリス王権ならびに地主貴族のもつ中世的権利を弱体化させたことが、物価騰貴の中での、固定貨幣地代を支払う農業企業家に有利に働き、農村の富裕化、国内市場の拡大、工業の発達、工業への農民の吸収をもたらし、イギリスをオランダ、フランスを押し退けてポスト「ヨーロッパ世界経済」における確固たる中核的地位へと押し上げる大きな原因となっていた。

四　産業革命と近代世界経済の成立

こうしてポスト「ヨーロッパ世界経済」＝近代世界経済の中核的地位獲得の国内的条件を備えたイギリスは、それと同時に、真にグローバルな意味での近代世界経済の中核としての確固たる地位を獲得する国際的条件をも成熟させつつあった。東方においては、イギリス王室の特許状による貿易独占を目指したイギリス東インド会社（一六〇〇年設立、一七〇二年新東インド会社、一七〇九年合同東インド会社設立）は、オランダ東インド会社（一六〇二年設立）、フランス東インド会社（一六六四年設立）との間の激烈な重商主義的商業戦争を演じながら、ボンベイ、マドラス、カルカッタ等インドの主要貿易拠点を確保・要塞化し、一七世紀末の時期にかけて香辛料貿易におけるオランダとの覇を競うとともに、それに代わって次第に世界貿易の中でのその重要性を強めつつあったインド産綿布（キャラコ）貿易の独占と、インドの綿花生産と伝統的綿糸布生産への支配強化を進めながら、全インド植民地化へ向けての足場を固めていた（一七七三年、会社の統治行政がイギリス政府監督下に。同会社の解散とインドの最終的植民地化は、同会社のインド人傭兵セポイの反乱に端を発した大民族反乱〔一八五七―五九年〕の収束をめざしたイギリス政府のインド直接支配のためのインド統治法発布の一八五八年）。

他方北アメリカ大陸に対しては、これも一七世紀初頭から始まった大西洋岸北アメリカへの植民によって、ニューイングランドを中心とする東北部での商業・貿易活動と、ヴァージニアを中心とする南部での煙草、綿花等の「国際的主要商品」の生産を進め、アフリカでは、一六七二年に奴隷貿易独占会社である王立アフリカ会社を設立し（一六九八年に独占を廃止し、イギリス系会社に開放）、奴隷貿易におけるスペイン、ポルトガル、オランダ、フランスの勢力を圧倒した。

東西貿易におけるこのイギリスの優位と、先にみたその産業的優位は、相互促進的に作用し合いながら、一八世紀に入ってからの膨大な富の蓄積をこの国にもたらし、外国貿易による金銀等貨幣素材の流入は、一六九四年に発足した公立イングランド銀行による紙幣発券業務、低金利融資、貿易手形割引業務の拡大を可能にし、それがこの国の信用組織の整備と、一七五〇年代すでに僅か三パーセントだったと言われるような低市場利子率をもたらすことによって、(11) そこでの貿易活動と産業資本投資をさらに刺激した。

ところで、かつて「大西洋三角貿易」の先駆けとなった北イタリア諸都市国家ならびにスペインやポルトガルに代わって、東方の香辛料貿易における優位に立ったオランダに対するイギリスの決定的優位をもたらしたものは、インド綿布貿易の独占であった。このインド綿布は、かつて山田隆士が「一七世紀後半からインド綿布がヨーロッパに大量に輸入されはじめた。とくにキャラコは衣服の流行に一大変化をもたらしたといわれたほどである。インド綿布はまた新大陸においても、金銀鉱山で使用するニグロ〔ママ〕奴隷の衣料としてかなり早くから輸入されていたが、同じく一七世紀後半からの植民地アメリカにおけるプランテーション農業の発展と、それに伴う奴隷貿易の新たな拡張によって、ここでもインド綿布の市場が拡大したのであり、従来、ヨーロッパから新大陸への重要な輸出品をなしていた毛織物をおびやかすことになる」と指摘したように、(12) 単なる「大西洋三角貿易」の範囲を越えたグローバルな「国際的主要商品」として登場しつつあった。

この綿織物生産は、一六世紀後半以降イギリスにも徐々に移植されつつあったが、長い歴史の中での専門化と熟練ならびに低工賃で生産される低廉で精巧なインド産綿布に対抗できず、世界的需要の拡大に対しては、当初はインド産綿布の輸入と再輸出による対応がみられた。そして、この需要拡大を前にして起こった低廉かつ大量の綿織物の生産を図るための技術的革新こそが、一八世紀後半のイギリス産業革命の契機であった。織布における飛杼（とびひ）の発明（ジョン・ケイ、一七三三年）から、ジェニー紡績機の発明（ハーグリーヴズ、一七六四年）、ミュール紡績機の発明（クロンプトン、一七七九年）、力織機の発明（カートライト、一七八五年）に至る一連の綿紡織の技術革新、それに誘発された蒸気機関の発明（ニューコメン、一七一〇年）、複動式改良蒸気機関の完成（ジェームズ・ワット、一七八一年）、機械工業の発達、鉄鋼業の技術革新（ダービーのコークス製鉄法の発明、一七〇九年、コートの攪拌式練鉄製造法の開発、一七八三―八四年）等、産業革命を特徴づける諸技術革新と、それによって旧来の織物・金属マニュファクチュアにとって代わった資本制的機械制大工業の登場がそれである。

こうして、「長期の一六世紀」における「ヨーロッパ世界経済」の出現の中で、他のヨーロッパ諸国に対してこの新しい国際条件をフルに利用しうる国内的条件を備えることになったイギリスは、一九世紀の初頭には、七つの海を支配し、「世界の工場」としての真にグローバルな世界的中核中の中枢、ヘゲモニー国家としての地位を確立した。そしてそれはまた、世界経済を新しく作り替えた。

アフリカは、西ヨーロッパ諸国での奴隷貿易禁止（イギリス、アメリカは一八〇七―八年、デンマークは一八〇二年、フランスは一八一九年）によって三世紀にわたる奴隷供給の歴史を閉じ、この間に六〇〇〇～七〇〇〇万にも及ぶといわれる人口の流出によって衰弱したが[13]、綿製品、金属製品等のイギリス工業製品とパームオイル、落花生等のアフリカ小農生産物との交換は継続した。

またラテンアメリカについてフランクは、一八一〇～二〇年代におけるスペイン、ポルトガル植民地の本国からの独立とともに、「かつてはスペイン人の占めていた地位が（そして多くのラテンアメリカ商人でさえ）、今ではイギリスの（より少ない程度でフランスと合衆国の）海運、金融、卸売、多くの場合小売さえもによってとって代わられた。これらは、ラテンアメリカの大部分をイギリスの商業的新植民地に変え、そして一九世紀後半の完全に新植民地的な生産様式の出現への道を部分的に掃き清めた」と述べている。

そしてまたインドについては、インドの経済史家パーム・ダットを引用して、一八一五―三二年の間に、イギリス綿製品のこの国への輸出は二万六〇〇〇ポンドから四〇万ポンドへ一六倍増加し、かつて数世紀にわたって全世界に綿製品を輸出していたインドは、一八五〇年にはイギリス全綿製品輸出の四分の一を輸入する国と化してしまったことを指摘し、イギリスはこの二つの地域を、イギリスで需要が増大しつつある原料・食料供給のためのプランテーション経済に変えてしまったと結論している[14]。

イギリスを世界の中核的工業生産国とし、アジア、アフリカ、ラテンアメリカをそのための周辺的原料・食料供給地域に変え、かつての中核的地位から転落した北イタリア、イベリア諸国、オランダおよび新たに中核的地位への参入機会を窺いつつあるアメリカ、ドイツ、フランスが半周辺として位置する、一九世紀中葉の近代世界経済システムの成立である。そしてこのシステムは、一八四六年のイギリス穀物条例の廃止と自由貿易主義の勝利によって、世界がグローバルな国際分業のネットワークによって結び付けられて今日に至っている近代世界経済の新し時代を画することになったのである。

（1）A・G・フランク『従属的蓄積と低開発』（吾郷健二訳、岩波書店、一九八〇年、原著一九七八年）二六ページ。

（2）スペイン人フランシスコ・ピサロによるインカ帝国（南米ペルーを中心にしたアンデス地帯）の征服（一五二六年）、同じくスペイン人フェルナンド・コルテスによるアステカ帝国（メキシコ）の征服（一五一九―二一年）とそれに続く略奪の激しさは、この地域の先住民の間で今でも語り継がれている。

（3）本田創造『新版・アフリカ黒人の歴史』（岩波新書、岩波書店、一九九一年）二四―九ページ参照。

（4）第一学習社編集部編『最新世界史図表』（改訂二版、第一学習社、一九九八年）一三六ページ。

（5）I・ウォーラーステイン『資本主義世界経済〈I〉』（藤瀬浩司・麻沼賢彦・金井雄一訳、名古屋大学出版会、一九八七年、原著一九七九年）二二ページ。

（6）フェルナン・ブローデルは、こうした経済体を「世界＝経済（économie-monde）」と呼び、「世界経済（économie mondiale）」と区別している（フェルナン・ブローデル『歴史入門』金塚貞文訳、太田出版、一九九五年、原著一九七六年、一一八ページ）。

（7）I・ウォーラーステイン、前掲書（注5）、三〇―一ページ。

（8）I・ウォーラーステイン『近代世界システム〈I〉』（川北稔訳、岩波書店、一九八一年、原著一九七四年）一二〇ページ。

（9）同右書、一四六ページ。

（10）同右書、一五〇ページ。

（11）中川敬一郎「産業革命」（『世界大百科事典』(9)平凡社、六五九ページ）。

（12）山田隆士「外国貿易の歴史」（木下悦二編『貿易論入門』有斐閣、一九七〇年、一四―五ページ）。

(13) 本田創造、前掲書(注3)、二八ページ。ただしこの数字は確定的ではなく、一五世紀から一九世紀にかけてアフリカから積み出された奴隷の数は、通説では一五〇〇〜二〇〇〇万人とされているが、事実は九五六万六一〇〇人だという統計的研究も紹介されている(林 晃史編『アフリカの歴史』勁草書房、一九九一年、一〇—一一ページ)。

(14) A・G・フランク、前掲書(注1)、一二八—九、一三二—三ページ。

第Ⅲ章　南北問題の構造と変容——世界経済グローバル化のなかで——

一　南北問題出現の背景——植民地体制の崩壊——

この章の章題に掲げた「南北問題」という用語は、一九五〇年代末に英国ロイド銀行会長（元駐米大使）オリバー・フランクス（Oliver Franks）が米国で行った講演に端を発すると言われている。一九五九年一二月のニューヨークでの講演「新しい国際的バランス——西側世界への挑戦」(1)の中で彼は、西欧諸国が経済復興を完了したこの時期に、西側先進世界は、東西バランスの維持という旧来の課題に加えて、南北問題の解決という新たな挑戦課題に直面していると指摘し、南側世界を援助するための新たな国際機関の設立を提案した。「南北問題」はこのころから国際問題に関する流行語の一つとなりはじめ、今では国際経済分析に関する専門用語の一つになるにいたっている。

この用語の登場は、明らかに以下で示す第二次世界大戦後の世界で起こった歴史的大変化と、その後の世界政治・経済舞台への新たなアクターの登場を背景としている。

(1) 植民地体制の崩壊

第二次世界大戦を分水嶺とする世界史上の巨大な変化は、北緯三〇度以南に集中した列強の植民地が次々に独立を果たし、それに呼応して、同じ列強によってさまざまな形でその政治的・経済的主権を侵害されてきた旧従属国・半植民地も著しくその主権を強化するに至ったことである。それは、一六世紀にスペイン・ポルトガルでの重商資本主義の出現によっていわゆる「ヨーロッパ世界経済」が形成され、それが北西ヨーロッパでの近代資本主義の発展をみて、真にグローバルな「近代世界経済システム」が成立する過程で、西半球や南半球の弱小民族に対する征服と隷属化が繰り返されてきたこのシステムの歴史の中でも画期的な事件であった。その意味でわれわれは現代の世界システムをポスト・コロニアル・エイジ(脱植民地時代)の世界システムと呼ぶことができよう。

この大戦後からソ連社会主義体制が崩壊した一九九一年までの期間の国家的独立は、アジア・アフリカを中心に九八ヵ国にのぼり(**表Ⅲ—1**参照)、ラテンアメリカ、東欧、中近東に集中し、アジアでの中国を含む旧従属国・半植民地をそれに加えた「新興世界」(新興社会主義国を含む)は、少なくとも数の上では旧列強世界を大きく凌駕することになった。ちなみに一九八〇年代初頭の国連加盟国一五七ヵ国のうち一九四五年国連憲章原加盟国は五一ヵ国(解散時国際聯盟加盟国四九ヵ国)で、[2]新加盟国一〇六ヵ国の大半が新興独立国である。しかも原加盟国のうちの南アメリカ諸国やアジア諸国の大半は現在も発展途上国としてグルーピングされる旧「従属国・半植民地」だから、この時期の国連の議席の圧倒的多数は南側新興世界によって占められるに至っていたことになる。

こうした植民地独立の原因として通説的に挙げられるのは、①戦時期における宗主国の植民地統治体

表Ⅲ―1　第２次大戦後植民地独立年代史（1945―91年）

（単位：国数）

地　域	40年代	50年代	60年代	70年代以降	合計
アジア	14	2	4	5	25
アフリカ	―	6	32	10	48
ヨーロッパ	―	―	1	―	1
北米・中米	―	―	3	8	11
南アメリカ	―	―	1	1	2
オセアニア	―	―	2	9	11
合　計	14	8	43	33	98

（資料）　矢野恒太郎記念館編『世界国勢図絵1999／2000』国勢社，1999年，表１―２より作成．

制の弛緩と戦後の政治的・経済的力量の減退、②「植民地主義的」西欧諸国に対する「門戸開放主義的」米国の戦後西側世界での影響力の増大、③社会主義陣営による植民地独立への積極的支持等である。

　これらの要因は、たしかに第二次大戦後の民族独立運動にとって有利な外的条件を構成している。①の要因は、直接に第二次大戦の戦場となった東アジア、中東アラブ世界での植民地体制の早期崩壊を説明し、②の要因は、植民地の独立が社会主義政権の樹立に結びつく可能性がないかぎり旧宗主国支配の再建を牽制した米国の戦後世界政策における多くの事例で示されている[3]。また、③の要因としては、戦後その数を増やした社会主義陣営の、西側陣営とりわけ米国の対南側世界戦略への牽制政策が挙げられる。一九五〇年代中葉の中ソ両国首脳の相次ぐアジア・中東諸国（特に非同盟中立国とされた国々）訪問、平和五原則[4]による友好関係の樹立、経済援助・長期貿易協定締結等の動きがそれである。

　しかしそうした政治的独立の外因的側面の一方的強調は、従属民族の側の解放に向けてのもう一つの要因である内的条件の成熟の側面を軽視することになる。

　列強勢力の侵入に対する初期民族運動には、インドのセポイの反乱（一八五七―五九年）や中国の太平天国の乱（一八五一―六四年）などがあるが、その一揆的性格に代わって近代国家樹立を目指した組織的で持続的な運動が成長するのは、第一次大戦終了以降のことであった。この時期におけるロシア、ドイツ、トルコ帝国の崩壊は、従属民族の独立への機運をもたらした。一九一七年の十月革命と共に帝政ロシア支配下の従属民族の分離独立の自由を保証したソヴィエト政権への対抗と、ドイツ、トルコ帝国の弱体化を狙ったものではあったが、大戦中の米英による「正義かつ恒久的な平和の基礎として」の民族自決の承認のスローガン（一九一八年、ウィルソン米大統領の議会演説での「平和一四原則」）は、翌年のヴェルサイユ講和条約にも盛り込まれて民族独立の機運を高めることになったのである。

一九一九年に相前後して起こった朝鮮での「三・一運動」[5]、中国での「五・四運動」[6]、ガンジー指導下のインドでの非暴力不服従運動の開始、一九二〇―三〇年代の中近東におけるエジプト、イラン、サウジアラビア、イラク等の英国保護領・委任統治領からの独立、インド独立運動の急進化（一九二九年国民会議派ラホール大会での完全独立を目指すネルー指導権の確立）、パン・アフリカニズム運動の発展等がそれである。

この民族独立運動は第二次世界大戦中に加速化した。この大戦中のアジアでの戦争は、中国、とりわけ戦後新中国をつくり出した中国共産党にとっては、抗日戦争であると同時に半植民地状態からの脱却のための戦いであった。南アジアや東南アジアでも多様な形での独立を目指した反宗主国運動や、日本占領下での抗日ゲリラ闘争が展開された。また、東ヨーロッパ、南ヨーロッパ、北アフリカでの、連合軍と呼応した対独・伊パルチザン闘争も、この地域での民族解放闘争の性格をもっている。この意味で、中心部列強諸国の勢力圏再編成の性格が強かった第一次世界大戦とは異なって、第二次大戦には民族解放・民族独立戦争の性格がきわめて濃厚であったことを見逃すべきではない。

(2) 新興世界が目指したもの

ところで新しく独立を達成した民族新政権が一様に目指したものは、近代ヨーロッパ世界で現れた近代的国民国家の形成であり、その下部構造をなす近代的国民経済の形成であった。それは政治的主権の喪失のゆえに伝統的民族工業の近代化の道を阻まれ、中心部列強諸国からの近代的工業製品の輸入とそこへの食料・工業用原料の輸出とを余儀なくされた植民地的経済構造の変革を課題とするものであった。そして多くの新興諸国によってそのための開発政策モデルとみなされたのは、近代的国民国家・国民経済形成の最先発国イギリスの道ではなく、一九世紀以来の後発国民国家のそれであった。

このモデルの特徴を米国の経済史家A・ガーシェンクロン(Alexander Gerschenkron)は、個々の事例においては一国の後進性の程度と自然的な工業的潜在力によって相違があることを断りながらも、①先発国よりも急速な工業化速度、②先発国の最新技術の導入、③発展の初期段階での大規模重工業建設、④再先発国イギリスのような自然発生的工業化の展開ではなく、程度の差こそあれ制度的支援体制(株式会社制度、近代的銀行制度、国家財政制度)に支えられた工業化、⑤イギリス的な合理主義、経済主義ではなく、理想主義的、民族主義的イデオロギーによる国民動員等にみた(7)。

また、韓国の経済学者金泳鎬は、現代新興世界の工業化問題を念頭におきながらも直接的にはドイツ、フランス、ロシアの歴史的経験を例示したガーシェンクロン理論を延長して、南北問題を現出させた現代国際政治的・国際経済的環境のもとでの現代新興世界の問題状況に照らした次のような「工業化世代

論」を提起している。(8)

第一世代工業化（一八世紀末～一九世紀初め、イギリス）は、市民革命を果たした市民階級が主体となった工業化であり、民間中小企業から自然発生的に進められた。しかし第二世代工業化（一九世紀中葉、フランス、ドイツ、米国）は、銀行の支援のもとで民間企業が登場するパターンであり、第三世代工業化（一九世紀末～二〇世紀初め、イタリア、ロシア、日本）は、銀行のような支援組織のみでは工業化に対応できず、国家が経済主体として登場し、それが銀行を、続いて民族資本による民間大企業を誘発するパターンであった。そして第四世代工業化（二〇世紀後半期、現代新興世界）は、基本的には国家と外資との結合による工業化パターンである。

この工業化世代論、とりわけ「第四世代工業化論」は、ガーシェンクロン理論登場以後の新興世界での一定の工業化の進展過程の動きを踏まえているだけに極めて現実的であるが、それのみならず、その中でのもう一つの現実でもある工業化挫折のケースを理論化しようとした従属理論、世界システム論をも次のように視野に入れている点で一層の理論的深みを備えている。

後発国工業化はI・ウォーラーステイン（Immanuel Wallerstein）のいう、中核（core）―半周辺（semi-periphery）―周辺（periphery）の世界システム三層構造の中での、半周辺から中核へ、周辺から半周辺への上昇過程にあたる。第三世代工業化までは、後発工業化国はまだ世界資本主義体制に編入されていなかった地域を自国の周辺として編入させることによって、後発国工業化過程固有のさまざまな歪み（食料、工業用原料、低賃金労働力、新興工業製品市場の不足等が考えられる）を回避しえる半周辺型工業化パターンだったが、第四世代工業化は「世界資本主義に編入されなかったニュー・フロンティアをもたずに、依存的発展を余儀なくされる周辺型工業化パターンである」[9]というのである。そしてここから、「世界史において国家と外資の結合による工業化のケース」になる第四世代「新工業化」の成功か、あるいは歪みの転化の方途がないままに国家・外資・大企業三者支配によって周縁化(marginalize)された農民、労働者、都市貧民による民衆革命かが、現代世界での新興世界が問われている問題状況であることが示される。[10]

(3) 国民経済形成の多様な道

さて、第二次大戦後の「新工業化」を通じる国民経済形成の試みは、金泳鎬が示した第四世代工業化としての全般的な歴史段階的特徴と歪みを伴いながらも、個別的には新興国家が採用した政治制度、工業化のための内的条件の成熟度と脱従属志向の強弱、新興国がおかれた地政学的条件の相違によって様々な形をとって現れた。

第一は、社会主義体制下での自律的国民経済形成の試みである。[11]東欧と東アジアの新興社会主義諸国は、二〇世紀後半の世界政治を色濃く染め上げた東西対立の中で、西側陣営からの「外資」を期待しえず、先発社会主義国ソ連の「外資」(援助)のもとで、基本的には革命後、とりわけ一九二〇年代後半以降の社会主義国民経済建設過程でのソ連工業化の経験に倣って、生産手段生産部門=重工業部門の優先開発を通じる急速な経済的自律化を目指した。それは、社会主義体制という異なった政治体制の下においてではあったが、ガーシェンクロンの後発資本主義型工業化、金泳鎬の第三世代工業化を通じる国民経済形成の古典的パターンの後追いであった。

第二は、国家、外資、民族資本の三者同盟の下での、輸入代替工業化を通じる自律的国民経済形成の試みである。この中には、脱従属志向の強弱に応じて、「外資」の中心を先発諸国および多角的国際機関からの公的開発援助に求めるものと、西側先発国からの民間資本の導入に求めるものとの相違がある。植民地経済下、従属経済下にあってなお一定程度の民族資本の発展をみていたアジアでのインド、ラテンアメリカでのブラジル、メキシコ、アルゼンチン等の発展途上大国がこの三者同盟の範疇に入る。この中でインドは公的開発援助の大量受入れ国であり、他は米系を中心とする民間資本投資の受入れの比重が高い。

また、戦前・戦中期における民族資本の発達程度に応じて、大企業を「民族資本」の中軸とし、輸入代替工業化の中身も、電気製品・自動車といった耐久消費財工業製品とするものと、国家・外資に比較して「民族資本」が弱体で伝統的中小企業の域を出ず、綿織物工業のような労働集約的工業製品を輸入代替工業化の主軸とするものまで多様である。前者は上記の三者同盟の性格が顕著な国々のケースだが、そうした諸国を除くアジアとラテンアメリカの圧倒的多数の新興諸国は後者の範疇に入る。民族資本の未発達、発育不全こそが植民地体制下の植民地・従属地域の支配的状況だったからである。

第三は、国家権力は獲得したものの、新工業化のための内的条件が整わず、さし当たり伝統的一次産品輸出と海外からの公的開発援助に頼りながら内的条件整備をはかろうとするものである。サハラ以南のブラック・アフリカ諸国、中米地域の小国、太平洋島嶼諸国、中近東の産油諸国等がこの範疇に入り、そこでは、開発主体たる政権の国家的統合を含めた政治的安定化、インフラストラクチュアの整備、技術者や近代的労働者の育成等が当面の課題となっている。

最後に、新興諸国の中では例外的に、自前の伝統的生産物や輸出品を持たず、また自律的国民経済形成に最低限必要な人口と国土の規模もなく、したがって加工貿易型輸出指向工業化の道をたどらざるをえない国や地域が存在した。東アジアのシンガポールと香港のように中継貿易港としての歴史をもつ国・地域がそれである。

以上のように新興諸国の「新工業化」への試みはまことに多様である。そして、工業化の必要性を否定し古典的な農工間国際分業の利益を説く保守的国際分業擁護論を除けば、その多様さに応じて輸入代替工業化論、その亜種としての重工業優先発展論と軽工業優先発展論、輸出指向工業化論、その亜種としての輸出代替工業化論（伝統的一次産品加工工業の開発）と加工貿易型工業化論（海外直接投資による輸出向け工業の開発を含む）等々の様々な開発理論が提起されてきている。[12]また、発展の歴史理論としては、後発国は先発国とは異なった発展パターンを示すという上記ガーシェンクロンや金泳鎬の「複線的発展史観」の他に、有効な中央集権国家を形成後の後発国は、伝統社会—離陸のための先行条件期—離陸期—成熟への前進期—高度大衆消費時代の発展諸段階を次々に歩み続けるとみるW・W・ロストウ（Walt W. Rostow）の経済成長段階論が示す「単線的発展史観」、自律的国民経済形成に向けての前記工業化パターンの第二タイプに注目してわれわれが提起した「周辺部国家資本主義論」（社会主義型国民経済形成と資本主義型国民経済形成への分岐点としての体制把握）による「国民経済形成への過渡期史観」、資本主義世界体制からの「離脱」（delinking）による自律的国民経済形成の道を説く、A・G・フランク（Andre Gunder Frank）＝S・アミン（Samir Amin）型従属理論による開発—低開発二極分化論である「両極的発展史観」と多様である。だが、以上の開発理論、歴史理論のすべては、その経路と方法についての相違こそあれ、一九世紀型近代的国民経済の形成を最終目標としている点では共通していた。

二　南北問題の激化と変容

(1)　戦後世界経済体制と新興世界

第二次大戦終了後の世界の政治と経済の運営を担った国際組織は、いずれも国家間協定にもとづく組織である、国際連合(一九四五年一〇月憲章発効)と、国際通貨基金(IMF、一九四五年一二月協定発効)・国際復興開発銀行(世界銀行、一九四五年一二月協定発効)・関税及び貿易に関する一般協定(GATT、一九四八年一月暫定的協定として発効)であった。そして新興諸国がそれぞれの国民経済形成にあたってその中に身を置いた戦後世界経済運営の制度的枠組みとなったGATT・IMF・世銀は、基本的には戦後西側世界のヘゲモニーを握った米国を中心とした先進国主導の国際組織であった。

まずGATTは、世界貿易における自由・無差別・多角主義の実現によって、一九三〇年代に出現し、第二次世界大戦の戦禍の原因の一つともなった世界的ブロック主義再現を回避することで西側先進世界経済の安定と繁栄をはかろうとするものであった。すなわち協定締約国が、モノの貿易に関しては数量制限をはじめとする非関税障壁を撤廃し、貿易制限措置としては関税のみを認め合い(関税主義)、その上で、多国間関税引き下げ交渉により、あるいは二国間交渉での関税引き下げを全加盟国に均てんさせることにより(全般的最恵国主義)、その自由貿易主義的理念の実現をはかろうとするものであった。

またIMFは、そうした理念をカネの流れの面で実現しようとしたもので、加盟国が、経常取引に関する為替交換性規制、差別的通貨措置等の為替管理を廃止し、加盟国拠出の基金によるIMF固定相場制維持のメカニズムを組み込むことによって為替相場の安定をはかろうとするものであった。またそれは米国通貨ドルを基準通貨とし、この国を最大の基金拠出国とすることで米国の経済的ヘゲモニーを国際的に承認させるとともに、上記ブロック主義横行下にみられたブロック間為替切り下げ競争を回避することで、この体制の安定化をはかろうとするものであった。そして、戦後復興期にある戦災下先進国や植民地・従属国に対しては、IMFの姉妹組織として同時発効した世界銀行による復興・開発長期融資の提供によって、GATT・IMFの加盟国でありながら、規約によって認められた過渡的例外措置（GATT一二条、一八条、IMF一四条）の適用期間を短縮（GATT一一条、IMF八条への移行）させようとした。

新興諸国が開発のための国際経済活動を行うにあたっての制度的環境はこのような性格のものであったが、その多くの国は、あるいは先進国の関税上の優遇措置（最恵国待遇）を獲得するために、あるいはまた為替安定化基金や長期開発援助獲得のために、これら国際経済機構に加盟した。

一九八〇年代初頭の国連加盟国数は一五七ヵ国だったことはすでに指摘したが、同時期のIMF加盟国数は一四五ヵ国、世銀加盟国数は一三四ヵ国だったから、国連加盟国の大多数がこの両組織に加盟したことになる。この時期、東ヨーロッパ（ソ連を含む）一一ヵ国の国連加盟国のうち九ヵ国が両組織に加盟していないから、西側世界に属するとみなされる新興諸国のほぼ全てがこの国際経済機構に加盟していたことになる。

ただし、ＧＡＴＴ加盟国は八八ヵ国であり、地域別でみて、国連加盟でＧＡＴＴ加盟国の比率は、その比率の高い順に、西ヨーロッパ一〇〇％（一八ヵ国中一八ヵ国、スイスは国連非加盟国でＧＡＴＴについては加盟国）、南アメリカ六六・七％（一二ヵ国中八ヵ国）、アフリカ五四・九％（五一ヵ国中二八ヵ国）、東ヨーロッパ五四・五％（一一ヵ国中六ヵ国）、アジア（日本を除き、中国、ベトナムを含む）四二・九％（三五ヵ国中一五ヵ国）、北アメリカ（米国、カナダを除く）三五・〇％（二〇ヵ国中七ヵ国）、大洋州二八・六％（七ヵ国中二ヵ国）であり、加盟国率が低いのは、東ヨーロッパ社会主義国および新興独立国の多くが含まれている中米（米国、カナダを除く北アメリカ）、アジア、大洋州、アフリカ地域で、ＧＡＴＴ加盟国の中心は西側先進諸国および南アメリカの旧従属諸国だったということになる。[13] ＧＡＴＴに定める貿易の国家独占の排除（一七条）が障害になる社会主義国や、植民地的産業構造の是正のためには幼稚産業育成のための輸入数量制限その他の非関税障壁を短期間には解除できない上に、輸入関税自体も禁止的高水準に設定せざるをえない新興独立諸国にとって、ＧＡＴＴ理念の受入れは容易なものではなかったのである。

（2） ＵＮＣＴＡＤからＮＩＥＯへ

新興諸国が加盟したＧＡＴＴやＩＭＦには、すでに指摘しておいたように、フルメンバーとしての権利・義務の行使（ＧＡＴＴ一一条国、ＩＭＦ八条国）に至るまでの過渡的例外措置が盛り込まれ、世銀はその援助の目的として「戦争により破壊された経済の回復、生産施設の平時需要への再転換」とともに、「開発の程度が低い国における生産施設および生産資源の開発を含む生産的目的のための資本投下を容易にすること」を挙げている（協定一条）。しかしこれらの規定は、新興諸国の国民経済形成努力を真正面から支援することを意味するものではなかった。

第一に、これらの国際経済機構が構想され設立された時期は、植民地体制崩壊期以前の時期であり、これらの過渡的例外措置や世銀融資の目的は、西ヨーロッパ先進国の戦後復興過程への支援であり、世銀の「開発援助」といっても、それは欧米先進国による植民地や従属国支配の安定化を意図するものでしかなかった。

第二に、加盟国の経済力に応じて決められる拠出金や出資金の多寡によって議決権が異なるIMFや世銀においては、これら機関の運営は当然のことながら先進加盟国の意向に従うことになり、またGATTにおいても、その経済構造におけるハンディキャップのゆえに関税譲許能力が制約されている新興諸国は、いわば落こぼれ的存在としての弱い発言力しか持ちえなかった。

既存国際経済機構のこうした問題点が、新興諸国が構成メンバーの圧倒的多数を占める、もう一つの国家間協定にもとづく国際機関である国連の場での、「開発」を前面に押し出した国際経済組織結成の方向に向かわせることになった。五大国による拒否権を認めているとはいえその発動には一定の道義的制約があり、基本的には加盟国の経済的力量に係わりなく一国一票方式で議決が行われるのがそこでの国際的意思決定のシステムである。一九六四年に第一回総会が開かれた国連貿易開発会議（UNCTAD）の出現がそれである。そしてその出現は、第二次大戦終了直後から七〇年代にかけての自律的国民経済の形成を求める第三世界運動の盛り上がりと、南北問題をクローズアップさせた国際政治面での諸事件を背景にしたものであった。

植民地独立の波は、直接的に第二次世界大戦の戦場となったアジア・中近東に端を発して、六〇年代のアフリカ、七〇年代の中米、オセアニア諸国に広がったが、なかでも一九六〇年代の初頭はその典型的な高揚期であった（表Ⅲ―1参照）。この年、アフリカの新独立国一六ヵ国が一気に国連に加盟し、アジア・アフリカ総会といわれた同年一二月年次総会では、アジア・アフリカ四三ヵ国共同提案になる「植民地独立付与宣言」が総会決議として全会一致で採択されたのである。

国連は植民地主義を急速かつ無条件に終結させる必要があり、「すべての人民は自決の権利をもち、この権利によって、その政治的地位を自由に決定し、その経済的、社会的、及び文化的発展を自由に追求」できることを承認するというのがその中心的な内容であった[14]。一九五〇年代後半に起こったエジプト・ナセル政権によるスエズ運河会社国有化、ガーナ・エンクルマ政権、ギニア・セクトーレ政権等新興アフリカ諸国の民族社会主義への傾斜、イラクの反王制革命と中東の反共軍事同盟条約だったバグダード条約機構からのこの拠点国の脱退、インドネシア・スカルノ政権下でのオランダ資産全面国有化、米国の膝元キューバでの民族解放革命等、社会主義への傾斜をもった諸事件が国連でのそうした機運を高めた。

そうした機運の中で開かれたＵＮＣＴＡＤ第一回総会は、その基調報告で、ＧＡＴＴの自由貿易主義に対して、対途上国全般的特恵措置を中心とする開発のための新国際経済秩序樹立を主張し、先進諸国による新興国への経済援助の拡大、伝統的一次産品、新興工業製品・半製品輸入アクセスの拡大等を要求すると同時に[15]、この会議の定例化、国連の一組織としての貿易開発理事会（ＴＤＢ）の常設化を求めた。そしてこれらの主張は総会において承認され、それ以後、少なくとも四年に一回開催されている総会と経済社会理事会傘下のTDBによって、総会議決事項の実現に向けての具体化とそのモニタリングの作業が続けられている。そして一九七一年のニクソン・ショック（金・ドル交換停止声明）による既存国際経済秩序の動揺、一九七三年のアラブ産油国の石油戦略の発動による石油危機の出現と資源ナショナリズムの高揚を背景にして、この新国際経済秩序形成に向けた新興世界の要求は、一九七四年国連経済問題特別総会（資源総会）での「新国際経済秩序樹立宣言」（NIEO宣言）と、同年末の年次総会での「国家の経済的権利義務憲章」（NIEO憲章）としてオーソライズされるに至った。

(3) 南北問題の変容

しかし皮肉なことに、国民経済形成を目指した第三世界運動の高揚と南北問題激化の象徴的事件の一つだったアラブ産油国の石油戦略の発動とそれによる石油価格の高騰が、その運動挫折の国際環境出現の一因となったことを指摘しなければならない。米・英・仏・蘭等西側先進世界に本拠を置く国際的大石油独占体による長年にわたる石油資源支配、すなわち採掘企業の経営権支配や低採掘利権料、原油価格の買い叩き等に対する反発は以前から産油途上国に底流していた。それが第四次中東戦争（一九七三年一〇月）を契機に火を噴いた。ニクソン・ショック以来の米ドル減価からくる実質収入の減少への対抗措置の必要性もその経済的根拠となっていた。

一九七一年二月には標準油種アラビアンライト一バーレル二・一八ドルだった原油公示価格は、七四年一月に一一・六五ドルに跳ね上がり、その後右肩上がりで上昇して、イラン革命（一九七九年二月のホメイニ政権樹立）による第二次石油危機を経た一九八一年の一〇月には三四・〇〇ドルの高値に達した。一九七一年価格の実に一六倍である。(16) それが世界経済に与えた影響は限りなく大きい。その影響は極めて多面的だが、ここではその主要なものについてのみ触れよう。

それは第二次大戦後の世界経済の成長を牽引した一連の主要産業に打撃を与えた。この時期の花形産業だった石油化学工業、製鉄・重機械工業、大型輸送機器工業等大量石油消費と結びついたエネルギー・資源利用型の重厚長大型産業に打撃を与えたのである。その多くは伝統的な一九世紀型国民経済の中軸に位置する産業であり、それへの打撃は、戦災からの復興以後成長を続けてきた世界経済の下降局面を導くと同時に、国民経済の構造そのものにも影響を及ぼすことになった。

西側先進世界（「開発市場経済諸国」）の実質年平均ＧＤＰ成長率は最盛期一九六〇年代の五・一％から七〇年代の三・一％、八〇年代の三・〇％、九〇年代（前半の九〇―九五年）の一・七％へと低下し、最盛期の五〇年代には西側先進世界の四・一％に対して九・六％（六〇年代は六・八％）の高成長を誇った東欧社会主義世界（ソ連を含む）も、七〇年代の五・四％から八〇年代の二・八％へとその成長率を急落させた（表Ⅲ―2参照）。

こうした状況下で西側先進諸国は、経済の省資源・省エネルギー化と共に軽薄短小型産業構造への転換を開始すると同時に、資源価格および賃金の高騰もあって、スタグフレーション下の西側先進世界から南側新興世界への海外直接投資を加速的に増大させた。すなわち、「発展途上国」への対外直接投資の流入は、一九八一―八五年平均の一三一億ドルから、八六―九〇年平均の二四九億ドル、九一年の三九五億ドル、九二年の五一五億ドルへと増大し、流入の年増減額では一九七一―八〇年平均の八・八億ドル増から、八一―八五年平均の五・四億ドル増、八六―九〇年平均の三五・四億ドル増、九一年の七

表Ⅲ―2　東西世界の実質 GDP 年平均成長率

（単位：％）

地域・国	1950―60	1960―70	1970―80	1980―90	1990―95
開発市場経済	4.1	5.1	3.1	3.0	1.7
米国	3.2	4.4	2.8	3.1	2.6
西欧	4.9	4.6	2.9	2.5	2.6
社会主義経済					
ソ連・東欧	9.6	6.8	5.4	2.8	−8.5
中国	―	6.1	5.5	10.2	12.8
発展途上国・地域	4.7	6.0	5.6	3.8	4.6
南・東南アジア[1]	4.1	5.1	6.0	7.3	7.8

（注）　1）発展途上アジア諸国・地域から「西アジア」,「中央アジア」を除く．現在の「南アジア」,「東アジア」に相当する．

（資料）　UNCTAD, *Hanabook of International Trade and Development Statistics 1976, 1993, 1996/97* Table 6.2 より作成．

七・九億ドル増、九二年の一二・四億ドル増と増大し続けた。これに対して、「開発国」への年流入増減額は、一九八一―八五年平均で四・三億ドル減、一九八六―九〇年平均は二七二・九億ドル増だったが、九一年で五五七・三億ドル減、九二年で一八二・二億ドルの減と増大の速度を鈍化させている。[17]

この対外直接投資の担い手である西側先進世界多国籍企業の新興世界での活動の新たな展開は、工業製品生産と食料・工業用原料生産との間の産業間国際分業によって特徴づけられた戦前型の国際分業から、同一産業内部の技術・知識・資本集約的工業生産と労働集約的工業生産の間の産業内国際分業への変化を経て、ついには同一工業製品生産における技術・知識・資本集約的工程と労働集約的工程の間の企業内国際分業へと支配的な国際分業構造を変化させた。そして西側巨大多国籍企業の世界的展開が創り出した情報、金融、流通のグローバル・ネットワークがそれに加わって、新興諸国がUNCTADの設立の際に目指した工業化を通じる自律的国民経済形成の目標にもかかわらず、一九世紀的国民国家と国民経済が政治的・経済的活動に対してもつ意味を希釈化した。すなわち、多国籍企業は、政治的不安定の発生はもとより、環境保護義務やローカル・コンテンツ法の適用等の、その活動にとって規制的な政治的・経済的状況の新興諸国での出現に際しては、自由にその経済活動の立地を変更する権利を留保している。またタックス・ヘブンの利用や振替価格操作等の租税回避によって活動地域の経済的主権を侵害する。さらにまた、西側先進世界に設計・生産企画等生産工程の中枢部分を確保することによって、周辺的工程を担う新興諸国の技術的従属を生み出す。こうして、一九六〇年代に燃え上がった南北問題にとって、国連を舞台にしたＵＮＣＴＡＤやＮＩＥＯ形成要求のような新興諸国の国家的連帯を通じる運動形態は、みてきたような国際的環境の下では再検討を迫られざるをえなくなった。

すでに示したように国民経済形成に向けての道は多様だったとはいえ、かつては植民地的産業構造と貧困の運命を共有した南側世界の、新興工業国（ＮＩＣｓ、ＮＩＥＳ）、産油途上国、一次産品輸出国、最貧国、重債務国等の所得水準、経済構造、対外的経済関係等の面での多様化は、以前に存在していた国家的次元での連帯の基盤を掘り崩した。また、かつて重工業の優先開発によって古典的な形での一国主義的国民経済形成を急いだ社会主義世界も、西側先進世界産業構造の軽薄短小化、経済活動や情報のグローバル化の波に呑み込まれて、ソ連・東欧社会主義のような政治・経済体制の崩壊や、中国、ベトナム等東アジア社会主義のような改革・開放戦略への転換を余儀なくされた。

三　グローバリゼーションと南北問題

(1)　新興市場の出現

第一節(3)で示した「国民経済形成の多様な道」の中で国家レベルでの新興世界の運動を代表したのは、そこでの第二のグループに挙げた国々の中でもアジアのインド、インドネシア、ラテンアメリカのブラジル、メキシコ、アルゼンチン等の発展途上大国であり、そこでは、開発計画の策定による国家主導型の計画的資源配分および国営・公営企業の拡充、輸入代替工業化が、国民経済形成のための開発戦略の中心となっていた。この点では政治体制の違いこそあれ、徹底した中央計画の下での生産手段部門＝重工業部門の輸入代替化を基軸にする社会主義工業化を押し進めようとした東欧の新興社会主義国も、伝統的な一九世紀型国民経済形成を目指す点では共通の特徴を備えていたと言える。そして一九七〇年代まではその中のいくつかは一定の成果をおさめたかにみえた。一九六〇年代と七〇年代において、実質年平均GDP成長率で東欧社会主義国（ソ連を含む、六・八％、五・四％）は、全体的に開発市場経済（五・一％、三・一％）を超え（表Ⅲ―2）、ラテンアメリカのブラジル（五・三％、八・二％）とメキシコ（七・三％、六・四％）の高成長は、東アジアの韓国、台湾、香港、シンガポール（八・九～一三・七％、八・四～九・四％）等とともに世界の注目を集めた[18]。実際一九七〇年代末のOECDの一報告書は、これらラテンアメリカ二ヵ国に上記東アジア四ヵ国と南ヨーロッパ四ヵ国（スペイン、ポルトガル、ギリシア、ユーゴスラビア）を加えたグループを、一人当たり高い成長率と生産・雇用における工業部門比率の顕著な増大を主要な特徴の一つする「新興工業国」(Newly Industrializing Countries, NICs)と呼んでその工業化の成果に高い評価を与えたのである。[19]

しかし一九八〇年代に入ると状況は一変した。同じく実質年平均GDP成長率で東欧社会主義国が二・七%に、ブラジル、メキシコがそれぞれ二・三%と一・〇%に急落したのである。[20] この結果東欧社会主義は一九八〇年代後半以降、硬直的で閉鎖的な中央計画経済体制から対内的・対外的な市場経済化に向けての改革・開放を迫られる中で、一直線に体制崩壊の道をたどった。一九八九年のベルリンの壁の崩壊はその象徴的な事件であり、社会主義国民経済建設のモデルであり、社会主義グループのリーダーでもあったソ連社会主義の一九九一年の崩壊がそのクライマックスをなす。また、七〇年代までの成長力を見込んで西側民間金融機関が、景気停滞下の西側先進国市場でだぶついた資金や、産油国から預託されたオイル・ダラーを大量に貸し込んだメキシコ、ブラジルは、八〇年代に入って債務返済不能に陥り、ＩＭＦ・世銀等国際機関の救済融資と、それに先導された西側民間金融機関の債務リスケジュール措置の見返りに、国営・公営企業の民営化、財政規模の縮小、金融引き締め、貿易規制・外資流出入規制の緩和等のいわゆる構造調整(structural adjustment)を迫られた。伝統的な国家主導型開発戦略の転換要求である。

これに対して、八〇年代に入っても六・四～九・二%の実質年平均GDP成長率を維持した東アジアＮＩＥＳ(Newly Indusutrializing Economies 以前の東アジアＮＩＣｓが今ではこう呼び直されている)は、もともと対内・対外規制の少ない自由貿易都市的性格の強い小国の香港とシンガポールはもとより、韓国と台湾も、初期の輸入代替工業化政策から、外資および貿易活動への規制のない自由貿易地区の設置政策の導入を経て、八〇年代初頭には積極的な外資導入と輸出指向工業化戦略への転換を終えていた。一九八〇年代のこれら諸国・地域の年平均輸出成長率は香港の一六・八%、台湾の一四・八%、韓国の一五・一%、シンガポールの九・九%であり、同時期のメキシコの二・四%、ブラジルの五・一%をはるかに引き離している[21]。

東アジアNIESの高成長がそこでの工業製品輸出高成長と深く結びついていることは明らかである。そしてその成長と工業化の成功は、中国の改革・開放政策やASEAN等東南アジア諸国の新開発戦略のモデルとなり、「新興市場」(emerging market)としての東アジアの成長と工業化を先導することになった。

巨大な多国籍金融・商業・工業企業を擁するヘゲモニー国家米国ならびにその強力な影響下にあるIMF・世銀が唱導する国際的構造調整とグローバル・スタンダードの導入は、伝統的国家主導型開発戦略の放棄と短期的・長期的国際資金流出入の自由化、巨大多国籍企業活動の自由化であり、企業内国際分業の更なる拡大と深化である。国民国家の存在を無意味にした近代世界システムの出現を指摘したI・ウォーラーステインの世界が、今や完成された形で姿を表しつつある。「新興市場」こそが、半周辺・周辺世界におけるその表現である。「新興市場」には未だその明確な定義とグルーピングはみられないが、IMFの出版物はその代表的な国・地域として、アジアでのインド、インドネシア、韓国、シンガポール、タイ、台湾地域、中国、パキスタン、フィリピン、マレーシア、香港(中国)、ラテンアメリカのアルゼンチン、チリ、ブラジル、メキシコ、アフリカの南アフリカ、旧ソ連・東欧社会主義圏のチェコ、ハンガリー、ポーランド、ロシアを挙げている[22]。みられるようにこの新しい世界的経済活動舞台は、七〇年代までの新興世界の運動と開発戦略の廃墟の上に築かれ、それに基礎を置いたかつての南北問題を形骸化させた。その中で誇らしげに成長を謳歌していたのが、かつて世銀が『東アジアの奇跡』[23]として称賛を惜しまなかった東アジア「新興市場」であった。

(2) グローバリゼーションと地域的不均衡

世界経済のこうした新しい状況を生み出してきたのは、いうまでもなく二〇世紀後半の科学技術の発展、とりわけ運輸・通信技術、情報技術の発達である。大型・高速船舶や航空機による大量かつ迅速な輸送技術の発達にコンピューター利用による情報・通信システムの飛躍的な発展が加わって、基本的に一国的規模で完結する政治的・経済的活動の国際的ネット・ワークという意味での、かつての国際政治(inter-national politics)・国際経済(inter-national ecomnies)は、今や政治的・経済的活動が直接的に地球的規模で展開されるグローバル政治(global politics)、グローバル経済(global economy)となった。経済活動の面での「新国際分業」の形成、すなわち先進国資本の海外直接投資を通じる産業内国際分業や企業内国際分業の出現がその一つの帰結であり、コンピューター技術を駆使した金融とマーケティングのグローバル・ネットワークがそれを支えている。

こうした科学技術の発達および経済のグローバル化を担った活動主体は、主として西側先進世界の中核諸都市に企業活動の中枢部を配置する先進国大製造工業企業、大商業・金融企業であった。それらの活動を前にして、すでに指摘しておいたように世界の政治と経済に対する国民国家の影響力は相対的に小さくなり、それが新しい問題状況を生みだした。国際的・国内的発展の地域的不均衡の激化がそれで

表Ⅲ―3　発展途上国1人当たりGDPの推移（1983～95年）

国・地域	1983年		1995年	
	ドル	「主要工業製品輸出国」＝100.0	ドル	「主要工業製品輸出国」＝100.0
カテゴリー別				
主要石油輸出国	1,871	94.2	1,563	31.9
その他発展途上国・地域	644	32.4	1,198	24.5
主要工業製品輸出国[1)]	1,987	100.0	4,893	100.0
その他諸国	503	25.3	680	13.9
アメリカ	1,394[2)]	56.5[5)]	3,493	71.4
アフリカ	414[2)]	16.8[5)]	433	8.8
西アジア	1,050[2)]	42.6[5)]	1,297	26.5
その他アジア	333[2)]	13.5[5)]	519	10.6
参考項目				
最貧国	201	10.1	396	8.1
重債務国	1,481[3)]	59.4[5)]	2,765	56.5
旧社会主義国				
東欧（ロシアを含む）	4,758[4)]	132.4[5)]	2,124	43.4
中国	271	13.6	585	12.0

（注）1）1986年段階では韓国，台湾，香港，シンガポール，アルゼンチン，ブラジル，ユーゴスラビアの7ヵ国．87，89年段階ではアルゼンチンとメキシコが入れ替わり．95年段階では87，89年段階の構成国にマレーシア，タイ，トルコが加わった10ヵ国．　2）1986年の数字．　3）1987年の数字．　4）1989年の数字．　5）注1）～3）に示した数字をその年の「主要工業製品輸出国」の1人当たりGNP（1986年2,466ドル，87年2,492ドル，89年3,593ドル）で割った値．

（資料）UNCTAD, *Handbook of International Trade and Development Statistics 1986, 88, 89, 91, 96/97* Table 6.1.

ある。

この点で表Ⅲ―3は、加速的グローバル化時代における新興世界（旧社会主義圏を含む）内部での不均衡の拡大を示している。

一九八〇年代中葉と九〇年代中葉の間のほぼ一〇年間の変化をみよう。輸出指向工業化政策の下で工業製品輸出を増やした「主要工業製品輸出国」と「その他諸国」の間の一人当たりGDP水準の格差が、一九八三年の一〇〇・〇対二五・三から一九九五年の一〇〇・〇対一三・九へと大幅に拡大している。「その他諸国」の中のアフリカとの格差の拡大はさらに甚だしい。「主要石油輸出国」の一人当たりGDP水準の絶対的低下は、八〇年代後半以降の原油価格の軟化による[24]。原油価格の上昇は石油輸出国機構（OPEC）外の劣位油田新開発を可能にし原油供給が増大した反面で、先進諸国の景気後退ならびに省エネ化の進展で需要が減退し、原油以外に国際競争力のある産業を持たない産油途上国の経常収支が悪化したのである、このグループの経常収支黒字は一九八〇年の一一三九億ドルから八五年には三三億ドルに激減し、九一―九三年では年間二〇〇～三〇〇億ドル台の赤字を計上している[25]。また「東欧（ロシアを含む）」の一人当たりGDP水準の絶対的低下もグローバル化時代への適応に失敗したその発展戦略の帰結である。これら二つのグループと「主要工業製品輸出国」との格差の発生（「主要石油輸出国」のケース）と格差の逆転（「東欧（ロシアを含む）」のケース）は新しい時代を象徴する現象の一つであるが、「その他諸国」、特にアフリカとの格差の拡大がもつ時代的意味は大きい。

一方は新たなグローバル・システムに組み込まれたグループであり、他方はそこからドロップ・アウトしたグループである。その相違は、一定の国ないし地域がグローバル化時代の立役者である多国籍企業の国際的展開の場に選ばれるか否かである。

国益主義原理ならぬ営利主義原理を行動基準とする多国籍企業は、当然のことながら最適な経済活動の立地を選択するが、それはもちろん運輸・交通・通信等のインフラをはじめとする外部経済環境が整備された場所であり、そこへの多国籍企業の進出はまた、その外部経済条件を一層強化する。そしてこの過程は正のフィードバック・システムによって国家間・地域間の格差を循環的・累積的に拡大する。

かつてこの現象を「逆流効果」（backwash effect）と呼んだG・ミュルダール（Gunnar Myrdal）は、

その国内的不均衡に対しては福祉国家の出現を、国際的不均衡に対しては世界国家による国際的福祉政策の実施を期待した[26]。だが、その国家そのものが弱体化し、その連合体である国連にもこの面で大きな期待を寄せることができないのが現状である。かつての一国の周縁化（marginalization）と貧困は、従属学派が言うように帝国システムに組み込まれ、宗主国によって搾取されたことよって発生した。しかし、グローバル化時代の貧困は、かつての従属学派の理論とは逆に多国籍企業を主役とする世界経済システムから排除されたことによって生じている。

(3) 新しい世界経済秩序を求めて

すでに示したように、グローバル化時代においては戦前に国際的政治・経済の舞台において主役であり、戦後の新興世界もその確立を目指した国民国家の衰退化が起こっている。国家の強力なリーダーシップの下で加速的な自律的国民経済建設を強行したソ連・東欧社会主義の崩壊と市場経済への移行の開始はその象徴的な現れであったが、それとは異なって「民主的計画化」を通じて国民経済建設をはかろうとした、ミュルダールのいう「軟性国家」（soft state）もまた例外ではなかった。ここでも開発計画（development planning）と国家規制に代わって市場経済化（market mechanism）と規制緩和が、公的開発援助に代わって長短期先進国民間資金の導入が課題となった。

この国家の衰退化は、新興世界運動の高揚とそれによる南北問題激化期においては国民国家建設という共通目標の下で抑制されていた新興世界および旧社会主義圏内部の様々な矛盾を表面化させた。新国家建設を目指したそれまでの民族運動に代わって、連邦国家であれ一共和国であれ、国家樹立を達成し、次の目標としての国民経済建設を目指しているかにみえた政治体制の内部での、エスニック対立、宗教対立が燃え上がり、世界の各地で手のつけられない民族紛争に発展するに至ったのである。旧ユーゴスラビア連邦でのボスニア・ヘルツェゴビナ内戦、コソボ紛争、アフガニスタンでのアフガン内戦、フィリピンでのモロ族分離独立紛争、インドネシアでの東チモール独立運動、旧ソ連でのバルト三国を始めとする諸共和国の連邦離脱につづく、新ロシア連邦でのチェチェン独立運動等がその目立った例である。また、もともと旧西側宗主国間の力関係による恣意的な線引きで複数の異部族を含んだり、同一部族を分断したりした植民地の境界にしたがって独立したケースの多いアフリカの新興諸国では、一国内での、あるいは国境を跨がっての部族間紛争が激増している。こうした紛争に対して、国家権力が弱体化した紛争当事国による解決が困難で、紛争が長期化する傾向があり、それに対する国家間連合としての国連の介入にも大きな限界があること、ソマリアでの国連平和強制（執行）部隊の失敗、数次にわたる国連平和維持活動（ＰＫＯ）の展開にも係わらず継続する新旧ユーゴスラビアでの民族紛争が示すところである。

こうした問題の真の難しさは、それが国家を衰退化させた経済のグローバル化を同根としていることである。国内的にであれ国際的にであれ、紛争の根源は地域的不均衡・不平等の拡大にある。国際社会における紛争激発国は、すでに示したように多国籍企業から見離されてグローバル・システムからドロップ・アウトさせられた諸国である。また国内的には一国内における周辺部の貧困地域であり、そこは多くの場合非支配部族の居住地域である。そして外部経済的環境の欠如のみではなく、それに政治的不安定性が重なって、多国籍企業や新興民族企業はますますそうした地域から距離を置くことになる。

それによって経済的側面におけるあの経済的格差の循環的・累積的拡大が倍加される。

グローバル化時代におけるこうした新しい問題解決の道は何であろうか。国家の復権だろうか。グローバル化の不可逆的な潮流からみて、それは今や時代錯誤のように思われる。先進世界での試みとしてEUが示し、アメリカ大陸でのNAFTAや東アジアでのAPECが示している地域主義の拡大の下での歴史的・文化的・地域的共通性をもつ限定された地域内での問題解決であろうか。それもまた、今や支配的国家の一国的利益の追求よりもグローバル化時代に即応した巨大多国籍資本の自由な活動の形成を目指す国際経済機構に変貌したかにみえるIMF・世銀・WTOによる、グローバルな市場経済化とグローバル・スタンダード確立の圧力によって制約されている。地域主義的動きとともに常にオープン・リージョナリズムが唱えられる所以である。こうした状況よりみて、南北問題の形骸化と経済のグローバル化によって新たに深化した国際的不均衡・不平等と、それによる国際政治面での混乱の解決の道の模索は、二一世紀に持ち越されざるをえないであろう。

ただここで、このグローバル化時代において、国家と多国籍企業以外の新しいアクターが出現していることに注目しなければならない。国際的環境保護・人権擁護・貧困撲滅を目指す国際的ボランティア組織やその他各種のNGO、NPO組織の出現とその活動の発展にである。直接的な国際活動のみならずグローカルな活動、すなわち「グローバルに考えローカルに行動する」活動主体の地方間国際交流の発展も重要であろう。国内的中心部を経由した従来の国家間国際交流が、国内的中心部と国内的周辺部との不均衡を拡大してきことからみて、周辺部間国際交流、地方間国際交流の発展がグローバル化時代の国際的不均衡の是正に役立つ可能性は小さくないであろう。そしてグローバルであるとともにボーダーレス時代でもあるこの時代はまた、そうした新しい国際交流を可能にしている。国家間協定にもとづいた二〇世紀後半の国際連合から、こうした新しいアクター達の活動にもとづいた、まさに国際的諸活動の連合体としての新しい国際的連合の形成とそれによる「新・新国際経済秩序」の構築が構想されてよいであろう。

おわりに

「世界システム論」の提唱者ウォーラーステインは、近代における「社会」についての唯一の適切な分析単位はもともとグローバルなシステムとしての「近代世界システム」であり、「自律的国民国家」などではないという基本的な立場に立ちながらも、「それぞれが分離しているにもかかわらず、国家間システムのなかでしか維持しえない」国家およびこの「国家間システム」の重要性を認めている[27]。この「国家間システム」を「世界システム」の上部構造であり、国際的下部構造としての世界的分業体系との、相互規定的かつ相互補完的関係にあり、両者の「接合（articulation）」が「近代世界システム」安定化の鍵であると理解することが許されるならば、この「国家間システム」の衰退化は、「近代世界システム」における「非接合（disarticulation）」発生という意味での世界資本主義構成体の危機の兆候であるということになろう[28]。

実際彼はしばしば、「近代世界システム」は現在何か別なシステムへの移行期にあるという認識を示している[29]。そして『朝日新聞』紙上のインタビューの中で、危機の原因として、この二〇年間（インタビュー時点よりみて一九七〇年代中葉以降）深刻化の度合いを深めた世界的環境問題、世界的規模での不平等と貧困の悪化とともに、国家の衰退化を挙げている。「近代のシステムの一つである国家は、世界の多くの地域でばらばらになろうとしているだけでなく、近代システムの中心だった国々でも、政治不信という形で危機に直面しています」というのである。(30)

本章でみてきたように、第二次大戦後の周辺世界での国家的独立と新興世界運動の高揚は、国家レベルでの叡知の結集による国際的不平等と貧困の解消への希望を生み出した。国家的統合が不完全なアフリカ諸国での貧困の継続はあるとしても、東アジアでの経済成長は国家による適切な発展戦略のもとでの問題解決の可能性を示しているかにみえた。

しかし、一九九七年夏突如として起こったタイ・バーツの下落に始まって、またたく間に東アジア新興市場に波及した通貨危機とそれに続く出来事は世界を驚かせた。八〇年代以降に急展開した経済のグローバル化の中で、累積債務危機に陥ったラテンアメリカ主要諸国や、体制の崩壊にまで立ち至ったソ連・東欧社会主義諸国を尻目に、先進国直接投資の積極的導入とそれによる輸出高成長という、この潮流に即応した発展戦略によって経済成長を続けてきたこの地域で、その通貨危機は、さらに金融機関の破綻による金融危機から、企業倒産、失業増加等の深刻な経済危機にまで発展してしまったのである。この東アジアの経験は、国家によるコントロールを失い、剥き出しのグローバリズムに晒された時の、一国的成功のもろさをさらけだした。経済的危機の一層の深刻化には目下のところ一応の歯止めが掛かり、経済成長率の回復の兆しもみられるが、グローバリズムの猛威に対抗するものとしての国家ならびに国家間システムを越える新たなシステムの構築という意味での、構造的克服の道はまだ見えてはいない。そしてその道の発見は、新しい世紀における人類の叡知に委ねられざるをえないであろう。

（1） Franks, O., The New International Balance : Challenge to the Western World, *Sunday Review*, Jan. 16, 1960.（「南北問題の提起」中村弘光訳、『レファレンス』一一一号、一九六〇年四月）。

（2） 小田滋・石本泰雄編『解説・条約集』（三省堂、一九八三年）五八八—九五ページ。

（3） 戦後旧オランダ領東インド支配の再建を目指して軍事行動を起こしたオランダに圧力をかけ、一九四九年ハーグ協定（インドネシア共和国への主権譲渡の承認）を調印に至らせた事例、エジプト・ナセル政権によるスエズ運河国有化に反対して軍事行動を起こしたイギリス、フランス、イスラエル（一九五六年）に対してソ連と共に圧力をかけて、これら三国の撤退を余儀なくさせた事例等がその代表的な例である。ただし、フランス領インドシナに対する戦後フランスの復帰の動きに対しては、ジュネーブ協定調印（一九五四年）参加によってそれを牽制したものの、その後そこへの社会主義勢力の浸透を恐れて軍事介入し、いわゆる第二次ベトナム戦争の一方の主役になった事例はあまりにもよく知られている。

（4） 一九五四年の周恩来・ネルー中印両国首相の共同声明に盛られた原則で、①領土保全と主権の相互尊重、②相互不侵略、③内政不干渉、④平等互恵、⑤平和的共存が謳われている。

（5） 一九一九年に起きた朝鮮独立運動。同年三月一日、ソウル・パゴダ公園で発表された三三名の宗教人による対日独立宣言文を支持して朝鮮全土に波及した、植民地朝鮮で最大規模の民族独立運動。

（6） 一九一九年五月四日に北京大学学生のデモを皮切りに、中国全土に波及した反日民族運動は、同年のパリ講和会議で日本の山東半島における権益要求を列強が認めようとしたのに抗議して、日貨排斥、工場ストライキ等に発展した。その結果北京政府は条約調印を拒否する事になった。

（7） Gerschenkron, A., *Economic Backwardness in Historical Perspective*, 1962, Chap. I, 特にp. 7. なお、開発問題に関連したこのガーシェンクロン理論の意義の最も早い時期の紹介として、本多健吉『低開発経済論の構造』（新評論、一九七〇年）第一章「低開発経済分析と後発資本主義分析」、特に一七―二〇ページを参照されたい。

（8）金泳鎬『東アジア工業化と世界資本主義』（東洋経済新報社、一九八八年）第一章「第四世代工業化論」、特に一九―二〇ページ。

（9）同右書、二〇ページ。

（10）同右書、二九ページ。

（11）ここでの「自律的国民経済」（autonomous national economy）とは世界経済から切断された閉鎖的国民経済を意味せず、発展の基本的原動力を自国内に備えた経済であり、それとは逆の特徴をもつ「従属経済」（dependent economy）の対語である。同じ意味で用いられる「自立的国民経済」（independent national economy）が、しばしば閉鎖経済と誤解されてきたので、本稿では意識的にこの用語の使用を避けている。

（12）本多健吉、前掲書（注7）、第六章「いわゆる『重工業優先発展論』の構造」、第一〇章「国際貿易と工業化をめぐる諸理論」、「ポスト冷戦と発展途上国の開発戦略」（『甲南経済学論集』第三三巻第四号、一九九三年三月所収。本書第Ⅶ章として修正・加筆して収録）参照。

（13）数字は小田滋・石本泰雄編、前掲書（注2）、五八〇―九五ページによる。

（14）同右書、六七ページ。

（15）Prebisch, R., *Toward a New Trade Policy For Development*, 1964.（外務省訳『プレビッシュ報告――新しい貿易政策を求めて』国際日本協会、一九六四年）

（16）日本銀行調査統計局編『日本経済を中心とする国際比較統計』〔一九八七、九六年版〕表七一、八一参照。

（17）UNCTAD, *World Investment Report 1994*, Table II. 1., II. 10.

（18）UNCTAD, *Handbook of International Trade and Development Statistics 1993*, Table 6. 2.

（19）『ＯＥＣＤレポート――新興工業国の挑戦』（大和田悳郎訳、東洋経済新報社、一九八〇年、原著一九七九年）。

（20） UNCTAD, *op. cit.*（注18）1993, Table 6. 2.
（21） *Ibid.*, Table 1. 5 and 1. 6, 6. 2.
（22） IMF, *World Economic Outlook October, 1999*, Fig. 2. 1, p. 37.
（23） World Bank, *The East Asian Miracle, 1993*. 世界銀行『東アジアの奇跡』（白鳥正喜監訳、東洋経済新報社、一九九四年、原著一九九三年）。
（24） 原油価格（北海ブレント、ドバイ、WT平均・スポット価格）は、一九八五年の一バーレル四〇ドルが九五年一四ドル、九八年一三ドルへと低下した（World Bank, *World Development Indicators 2000*, Table 6. 4.）。ただし、値下がりを続けていた原油価格は、一九九九年春以降じりじりと値を上げ始め、二〇〇〇年九月初旬には一バレル三三・五〇ドル（北海ブレント・先物価格）の水準にまで戻った（『日本経済新聞』二〇〇〇年九月七日付）。その原因がＯＰＥＣ諸国の減産にあるのか、国際投機筋の動きにあるのかを注意深く見守らねばならないが、それは以前の資源ナショナリズムの高揚期とは異なった原因によるものであり、かつての経験より見て「石油危機」の再来の可能性は低いと思われる。
（25） UNCTAD, *op. cit.*（注18）、*1994*, Table 5. 1.
（26） G・ミュルダール『経済理論と低開発地域』（小原敬士訳、東洋経済新報社、一九五九年、原著一九五七年）、特に第四章「国家の役割」、第五章「国際間の不平等」参照。
（27） I・ウォーラーステイン『脱＝社会科学——一九世紀パラダイムの限界』（本多健吉・高橋章監訳、藤原書店、一九九三年、原著一九九一年）三八五、四一二ページ。
（28） この国際的「接合」の議論については、本多健吉『〔改訂増補版〕資本主義と南北問題』（新評論、一九九二年）第八章Ⅲ「国際分業と国家・国家間関係」を参照されたい。
（29） I・ウォーラーステイン、前掲書（注27）、四〇ページ。
（30） 『朝日新聞』一九九四年一一月一〇日付。

第Ⅳ章　南北問題と国際紛争

はじめに――問題の所在――

「南北問題」は通常、北側先進世界の富裕と南側発展途上世界の貧困として特徴づけられる富の世界的不平等分配からくる国際的経済問題だとされる。そしてそれは、資本主義イデオロギーと社会主義イデオロギーの対立に起因する国際政治問題として意識される「東西問題」と対比される。だがそれは、現代世界の問題状況をその表層においてとらえたものに過ぎない。両問題とも基本的には、一六世紀以来国民国家＝国民経済形成を阻まれてきた世界の弱小な植民地・従属諸民族が、列強の圧迫に抗して国民国家＝国民経済を形成しようとする同根の動きによって生ずる、政治的・経済的国際問題だからである。一方の極にはプロレタリア政党の一党支配と中央経済計画の道を通じての国民国家＝国民経済形成への動きがあり、他方の極には民主主義的複数政党制と自由市場経済の道を通じての国民国家＝国民経済形成の動きがある。そしてその中間に、「開発（軍事）独裁」、「権威主義体制」、「国家資本主義体制」等々と呼ばれる政治・経済体制下での国民国家＝国民経済形成の動き等、様々なヴァリアントが含まれている。

実際、一六世紀初頭のスペイン、ポルトガルによる「ヨーロッパ世界経済」[1]の形成以来、そこでの覇権の獲得をめぐる北西ヨーロッパ諸民族の激しい争いの末に、世界的分業のネットワークの結び目に幾つかの国民国家＝国民経済が形成されたが、その他の諸民族は、半周辺（semi-periphery）民族、周辺（periphery）民族として、上記北西ヨーロッパ国民国家を中核（core）とする世界経済のピラミッド構造の中に組み込まれた。

一七世紀までの覇権国家スペイン、ポルトガルの地位の継承をめぐって相争った（スペイン継承戦争、一七〇一―一三年）フランス、オランダ、イギリスが、一八世紀初頭に「ヨーロッパ世界経済」における勢力圏の確定（一七一三年のユトレヒト条約）を基礎にした最初の近代的国民国家を形成した。そして一八世紀後半の産業革命の開始とともに、真にグローバルな世界的分業ネットワークとしての「近代世界システム」が成立し、イギリスが諸国民国家の中の覇権国家＝中核中の中核国家の地位を確立するのだが、その世界システムの中で、一九世紀前半にアメリカ合衆国（独立宣言、一七七六年）とドイツ（ドイツ関税同盟、一八三四年）が、同世紀後半にロシア（パリ条約、一八五六年）と日本（明治維新、一八六八年）が国民国家形成に参加した。

しかし、爾余の諸民族は、これら中核諸国から工業製品を受け取り、そこに食料・原料を提供する世界的分業ネットワークの末端に位置づけられ、植民地として政治的・経済的に国民国家＝国民経済形成の道を阻まれるか、一応の政治的独立を保ったとしても、様々な不平等条約を通じて、半植民地・従属国として国民経済の形成＝経済的自律化の道を塞がれるかのいずれかでしかなかったのである。

この構造は、ロシアと日本の中核国家群入りを最後に、二〇世紀前半期を通じて固定化されたが、第二次大戦の終結と共に、植民地独立が二〇世紀後半の歴史的趨勢となった。そして第Ⅲ章の冒頭部分で示したように、一九八〇年代初頭には国連の議席の圧倒的多数が、旧半植民地・従属国を含めた南側新興諸国で占められるに至った。

ただし、こうした新興国家の誕生は決して祝福に満ちたもののみではなかった。いやむしろ、ほとんどの旧植民地民族・従属民族内部でみられた、独立時点での宗主国の利益集団も絡んだ宗教的・文化的・エスニシティ的な軋轢や内部紛争を別にして、旧宗主国との直接的軍事対決だけに限ってみても、アジアでのベトナムの第一次対仏独立戦争（一九四六―五四年）、インドネシアの対蘭独立戦争（一九四七―四九年）、アフリカでのアルジェリアの対仏独立戦争（一九五四―六二年）等がその不幸の代表的なものとして挙げられよう。

だが、いずれにせよこの二〇世紀後半から今日に至るまで継続している問題は、そうした長い民族運動の歴史と、独立ために払われた大きな犠牲にもかかわらず、この民族国家の誕生が、一九世紀のそれのように容易に国民国家＝国民経済の形成に結びつかないでいる点である。そして二〇世紀後半のポスト・コロニアル・エイジ（脱植民地時代）における、この国民国家＝国民経済形成の困難から生ずる南側世界の貧困が、今日頻発している国際紛争の土壌になっている。以下でその点について示したい。

一　貧困と国際紛争

ＵＮＤＰ（国連開発計画）は、その年次刊行物『人間開発報告書　一九九四』の中で、一九六〇年から八七年の間に、発展途上国の軍事支出は二四〇億ドルから一四五〇億ドルに増えたが、これは同じ時期の先進国の三倍の速度での伸びであったことを明らかにしている。年平均増加率では、先進国二・八％に対して発展途上国は七・五％となり、その結果、世界の総軍事費に占める発展途上国の割合は七％から一五％に増大した。また、一九八七年の発展途上国の軍事支出の約三分二にあたる九五〇億ドルにのぼる支出は、世界のもっとも貧しい国によって占められていると指摘されてもいる。(2)

上記の歴年で一九六〇年は、アフリカで一六の旧植民地が、独立の達成とともに一気に国連加盟を果たし、脱植民地時代の幕開けを告げる「植民地独立付与宣言」が同年の国連総会で採択された年であり、「南北問題」という言葉はこの頃からしきりに用いられるようになった。また一九八七年は、二年前に「ペレストロイカと新思考」のスローガンを掲げてソ連共産党書記長に就任したゴルバチョフとレーガン米大統領の間でＩＮＦ（中距離核戦力）全廃条約が調印され、東西冷戦構造の解体と東西両陣営での軍縮が開始された年である。ちなみに一九六〇年に四二〇〇億ドルだった世界の軍事費は、八七年の九七〇〇億ドルにまで年々増え続けていたが、この年をピークにして一九九〇年の八八五〇億ドルにまで減少している。(3)しかしＧＮＰに占める軍事支出の割合は、一九八五年から九一／九二年の間に、先進工業国で四・四％から三・二％へ一・二ポイント低下したのに対して、全発展途上世界では四・六％から三・八％に〇・八ポイント低下したにすぎず、最も貧しい国である後発発展途上国では逆に三・五％から五・九％に増大している。(4)

このことは、世界の軍事費の増大が、発展途上世界での国民国家＝国民経済形成過程における国内的・国際的軋轢の増大と深く結びついてきたことを示すものである。冷戦激化の要因については後に触れることにして、発展途上国の国内的・国際的軋轢については、上記国連刊行物の、「開発途上国が国際戦争をしたことはあまりなく、軍は自国民を弾圧するために使われてきた」[5]という指摘は的確である。

国民国家＝国民経済形成の未成熟は、その社会が均質化されず、多宗教・多文化・多エスニシティ集団によるモザイク的社会として構成されていることを意味する。そして、旧植民地時代の境界が、そこでの共通の宗教的・文化的・エスニシティ的基盤に基づいてではなく、列強の力関係によって恣意的に引かれた場合には、このモザイク的特徴は一層濃厚なものになる。そうした社会が新たな国造りを目指す時に、しばしば支配的な宗教的・文化的・エスニシティ的構成グループと、弱小で被支配的な構成グループとの間の利害の対立が発生する。経済発展の初期段階には、豊かな階層・地域グループと貧しいグループとの所得格差が拡大するという一般的傾向が存在するので、弱小で被支配的なグループがこの貧困グループとして経済発展から取り残されることが多い。ただ発展から取り残されるだけではなく、経済発展にともなうそうしたグループの生活基盤の破壊が生ずることによって、その窮乏化が深化することが多く、それにつれてそのグループの抵抗が高まり、社会不安が醸成され、それを抑圧するための支配グループによる軍事的弾圧が強まっていく。こうした国内的対立グループが、その対立グループの何れかと利害を共にする国際的勢力と結びつくことになれば、その対立は一挙に国際的紛争の性格を帯びることになる。実際、過去における第三世界の国内対立の多くが、旧宗主国とその他の中核諸国との利害対立、東西両陣営の利害対立と結びついて国際紛争化してきた。

こうした点は、一九八五―八九年の第三世界の紛争、内乱、武器輸入を挙げて、「大半の戦争は植民地時代の名残か、あるいは超大国が関与していた。国内の諸要因がからんだあとでは、紛争の抑制は難しくなる」、「基本的な紛争は、宗教および民族の多様性に起因するが、火に油を注ぐのは経済的窮乏、人口の過剰な増大、迅速な情報の伝達というグローバルな要因である」という、ニューヨーク州立大学マナス・チャタージ教授の指摘や[6]、経済開発過程における特権階級と一般民衆との間の貧富の格差拡大による社会経済構造の歪みにもとづく社会不安へ対処するための、開発（軍事）独裁の出現についての石井秀明の次の指摘によっても鮮明に示されている。

「第三世界の諸国はいずれも被植民地支配の歴史を経験しており、独立を果たした後も植民地政策の遺産としての低開発状態に長く悩まされることになった。先進国に比べて社会・経済的に非常に立ち遅れたところからスタートした途上国にとって、一国の近代化や経済成長を実現していくためには何らかの強権的体制をもって、あらゆる国内資源を動員していかなければならないという認識が一般に強くあった。こうした脱植民地化の開発過程のなかで新しく形成された支配層やエリート層が、『開発外交』を通じて先進国から大量の武器や援助を取りつけて軍事力を増強し、国内に強権的統治体制を作り上げてきた。それが、一部の特権階級の既得権益を擁護する支配体制となって、貧富の格差を温存するような歪んだ社会経済構造を生み出してきたことは否定できない[7]。」

こうして第三世界における周辺国、周縁グループの窮乏化と軍事支出の増大は、一つの悪循環を形成する。貧困による社会不安に対処するための軍事支出の拡大は、貧困撲滅のための財政支出を制約し、それが貧困層の不満を増幅することによって、軍事支出の拡大に拍車をかけるのである。

ちなみに、冷戦体制の解体によってＧＤＰ／ＧＮＰに占める軍事支出の比率が全世界で低下している中で、後発発展途上国では逆に高まっていることはすでに指摘したが、財政支出の中で軍事支出の対教育・保健支出比もまた、一九六〇年と九〇／九一年の間に、先進工業国九七→一三三％、全発展途上世界一四三→六〇％と低下したのに対して、南アジアと共に世界の最貧困地帯とされるサハラ以南アフリカでは二七→四三％と高まった。そして一九九〇／九一年にこの比率が一五〇％を越えている諸国は、比率の高いものから順にシリア（三七三％）、オマーン（二九三％）、イラク（二七一％）、ミャンマー（二二二％）、アンゴラ（二〇八％）、ソマリア（二〇〇％）、イエメン（一九七％）、カタール（一九二％）、エチオピア（一九〇％）、サウジアラビア（一五一％）と、中東の軍事紛争地域とアフリカの最貧困諸国である。(8)

この軍事支出に比べれば、貧困撲滅のために必要な費用は全く僅かな額に過ぎない。

先の国連の報告書によれば、発展途上国の「近年〔一九九二年〕の年間軍事費」一二五〇億ドルに対して、「開発途上国の〔この〕軍事支出のため犠牲になっている人間開発」は、次のようである。(9)

保健関係……一〇億人が医療従事者の診察を受けたことがない。予防可能な疫病で、年間二〇〇万人以上の子どもが死亡し、一億九二〇〇万人の子どもが栄養不良状態にあり、一三億人が安全な飲料水の確保ができない。これに対して、基礎医療を提供するに必要な追加費用、全ての子どもへの予防接種、栄養失調、栄養不良件数の半減、安全な飲料水の提供のための費用は、上記軍事費一二五〇億ドルの一二％に過ぎない。

教育関係……九億人が読み書き出来ず、八〇〇〇万人の子どもが小学校に通えず、成人女性の識字率は男性の七〇％である。これに対して、成人の非識字率を半減させ、全ての人に基礎教育を受けさせ、女性に男性と同水準の教育を受けさせるために必要な追加費用は、上記軍事費の僅か四％である。

人口問題……人口年増加率が二％を上回る国に住んでいるのは三〇億人近い。これに対して、二〇一五年までに世界人口を安定化するために必要な追加費用は、上記軍事費の八％である。

こうした軍事費の転用の必要性を挙げながら同報告書は、軍縮が緊急に必要なのは第三世界だとして、「これまでの軍縮会議はすべて東西間でおこなわれ、第三世界の代表者は加わっていない。したがって世界軍縮の次の段階として、開発途上国の問題にとくに注目する必要がある」と指摘する[10]。また、こうした第三世界内部の状況に対して先進工業世界がなすべきこととして、さきのマヌス・チャタージ教授は、「発展途上国の軍事支出を減らすために、先進国が取りうるいちばん重要な政策は、途上国にある社会的・経済的不平等を是正するため、大量の経済援助（政府間とは限らない）を注入し、それら諸国を徹底的貧困状態から引き上げることである。こうした政策は、紛争と差別と不平等の原因を軽減するだろう。次は、兵器売却の段階的縮減である。第三は核不拡散である」と述べている[11]。

こうした提案の実行可能性を考えるにあたって、次に第三世界の紛争と先進世界との関わりについての過去と現在を検討しよう。

二　東西冷戦と第三世界の紛争

第二次世界大戦中の民族解放運動は、この大戦中の過大軍事費負担ならびに戦災による旧宗主国の経済的・政治的弱体化もあって、国民経済の形成を目指す未成熟な国民国家としての多数の新興民族国家を出現させることになった。そしてその国民国家＝国民経済形成に向けての努力は、戦勝国の中では比較的無傷だった米国とソ連の強力な政治的・経済的影響の下で進められることになった。

大戦終結時までソ連一国にとどまっていた社会主義は、東ヨーロッパでは、とりわけ敗戦国ドイツに対する旧半周辺的・従属的諸国と、ソ連に分割占領された東ドイツに拡がった。そして東アジアでは、大戦終結とともに始まった内戦（国共第三次内戦、一九四六―四九年）の末に中国で、これまた米ソ分割占領下での東西軍事対決（朝鮮戦争、一九五〇―五三年）を経て朝鮮半島の北側で、また、最初は旧宗主国フランスと（第一次ベトナム戦争、一九四六―五四年）、続いて米国との激しい民族統一解放戦争（第二次ベトナム戦争、一九六四―七五年）を戦ったインドシナ半島で社会主義が成立した。中華人民共和国、朝鮮民主主義人民共和国、ベトナム社会主義共和国、ラオス人民民主共和国（一九七五年成立）、民主カンボジア（一九七五年成立）等の、東ヨーロッパとは異なって、いずれも周辺的半植民地・植民地だった民族が樹立した新興社会主義国家がそれである。また、ラテンアメリカでは、「カリブ海に浮かぶアメリカの真珠の首飾り」とさえ言われたキューバで民族民主革命（バチスタ親米独裁政権崩壊、一九五九年）と社会主義革命（社会主義樹立宣言、一九六一年）が出現した。

これらは、米ソの直接的・間接的な軍事的・経済的支援競争の産物であると同時に、東西冷戦構造をさらに拡張・深化させる出来事であった。ヨーロッパでの北大西洋条約機構（ＮＡＴＯ、一九四九年）と、ワルシャワ条約機構（ＷＴＯ、一九五五年）の結成、アジアでの朝鮮戦争への国連軍、中国義勇軍の直接的軍事介入、キューバでのソ連製ミサイル基地の建設をめぐって惹き起こされ、世界核戦争への発展すら危惧されたキューバ危機（一九六二年）、ソ連・中国の支援を得ながら、一〇年余りにもわたる戦争の泥沼に米国を引き込んだベトナム戦争等がそれである。

これらは東西対決が表面に現れた国際紛争であったが、それが内戦の形をとりながらも、その内戦当事者に東西両陣営が深く関わった国内紛争もある。

ポルトガルからの独立にあたって、一九七五年から九一年までの一六年間にわたって続いたアンゴラ内戦は、アンゴラ解放人民運動（ＭＰＬＡ）を支持するソ連・キューバと、アンゴラ解放民族戦線（ＦＮＬＡ）・アンゴラ全面独立民族同盟（ＵＮＩＴＡ）の連合側を支援する米国・南アフリカ共和国等との間の東西対立に、エスニシティ集団間の主導権争いや、反南アフリカ共和国闘争等が複雑に絡まった国内軍事紛争であった。また、一九七七―七八年にエチオピアとソマリアとの間で起こったオガデン戦争は、ソマリア独立（一九六〇年）以前にエチオピアとイギリスによって恣意的に線引きされた西ソマリア・オガデン地方をめぐる国境紛争に、ソ連・キューバ（エチオピア側）と米国・サウジアラビア（ソマリア側）が介入したものであり、エチオピアへのソ連・キューバの加担は、一九七四年にこの国の軍部による「社会主義」政権が誕生したことによる点で、これも東西対立の様相を帯びた紛争である。

一九八〇年のイラクによる大規模な越境攻撃に始まり、八年にわたって続いたイラン・イラク戦争は、一九七九年のイラン・イスラム革命（親米的で近代化政策をとるパーレビ・イラン国王の追放）によって、イランが米国とアラブ諸国の支持を失ったこと、また、ソ連がイランの米国離れを歓迎する一方で、イラクの攻撃に対しても、対中東戦略上不介入政策をとるという東西対立の間隙をぬった戦争であった。そしてこの戦争の期間内である一九八四―八八年におけるイラクの武器輸入は、発展途上国の武器輸入額で最上位の一六一億ドル（第二位のインドが一四三億ドル）に昇った(12)。そしてこれによる武器の備蓄が、イラクによる一九九〇年のクウェート侵攻と、それに続く湾岸戦争を支えることによって、イラン革命封じ込めのためにイラン・イラク戦争期にイラクへ武器を輸出した西側諸国の多国籍軍を悩ましたことは皮肉な現象である。さらにまた、このイランに隣接するアフガニスタンへの一九七九年のソ連の軍事介入に端を発して、一九九二年までの一四年にわたって続いたアフガニスタン戦争も、親ソ連のアフガニスタン人民民主党（共産党）政権を、これに反対する複雑な宗教的・エスニシティ的諸組織による反抗から守ることによって、親欧米的パキスタンに隣接するこの国へのソ連の影響力を維持しようとする冷戦の論理によるものであった。

東西冷戦と深く関わった戦後のこうした一連の国際紛争は、この時期に新たに主権を獲得（植民地の場合）もしくは強化（半植民地・従属国の場合）したその他の新興民族国家による、新たな政治的および経済的な主体的対応を生み出した。

まず政治的には、東西両陣営のいずれからも一定の距離をおこうとする非同盟中立主義の出現があり、一九五五年にインドネシアで開かれたバンドン会議（正式名称はアジア・アフリカ会議）が新興世界の側の最初の国際的反応であった。

東西冷戦構造が拡大・深化し、それが国際紛争として火を噴く舞台が第三世界であるのをみた新興世界の指導者が、それへの対抗を呼びかけたのがこの国際会議である。アジア・アフリカ・ラテンアメリカ計二九ヵ国（中国、日本もアジアから参加）の首脳・閣僚が出席したこの会議は、中国の周恩来首相、インドのネルー首相、インドネシアのスカルノ大統領、エジプトのナセル大統領等のリーダーシップのもとで、①核兵器の禁止と全面的軍縮、②民族自決、基本的人権の擁護と人種差別反対とともに、③植民地主義反対を基調に、内政不干渉、国際紛争の平和的解決を訴えた「平和一〇原則」を打ち出した。

この会議は一〇年後の一九六五年にアルジェリアで第二回会議の開催を予定していたが、開催国でのクーデターや中ソ対立の激化などのために開催直前に中止された。しかし、それとは別に、一九六一年にユーゴスラビアのベオグラードで第一回会議が開催された非同盟諸国首脳会議は、バンドン会議の主旨を引き継ぐものであり、バンドン会議と同じ非同盟主義のリーダーたちを中心にしたもので、二五ヵ国が参加した第一回会議への招請状発送の基準とされたのは、①平和共存と非同盟の原則の支持、②民族解放運動の支持、③集団的軍事ブロックへの非加盟、④自国内に外国の軍事基地を置かないこと、の四条件だったと言われている。(13) この会議は、これまでのところ一九九五年にコロンビアのカルタヘナでの会議まで一一回の会合を重ねており、加盟国も一一三ヵ国に膨らんだ。そして多様な政治姿勢や国内問題をもつ加盟国の参加や、南々問題の出現、つまり第三世界諸国の発展水準の多様化、冷戦体制の熔解等によって、非同盟中立主義から南北対話、南々協力、開発のための新世界秩序の形成等に重点を移してきているが、冷戦体制下における第三世界の国際政治戦略の一つの重要な潮流を示してきたことは否定できない。

次に経済的側面においては、対外依存的な植民地的経済構造であるモノカルチュア・モノイクスポート構造や、民族国家の境界内での非接合的・モザイク的経済活動部門を均質化するための、工業化を中心にした経済開発が急がれた。この面では、第二次大戦後の半周辺・周辺地域で成立した「社会主義」は、かつて主張されたように、資本主義よりも高次な社会経済制度への「飛び越え」ではなくて、すでに指摘しておいたように、一九世紀的な国民国家＝国民経済形成に向かっての試みの一ヴァリアントであった。強権的な一党支配のもとで、中央集権的政府による中央計画を通じて、自律的国民経済を作りだすことが目標とされたのである。そしてその初期における開発戦略としては。生産手段の輸入代替工業化を重視するソ連型の重工業優先発展戦略が選ばれた。この道は、国内のモザイク的構成要素の分裂を、社会主義イデオロギーおよびプロレタリア独裁の強権によって回避し、その上で急速な国民経済形成を達成するのに有効な道に見えた。ちなみに、一九五〇—七〇年の二〇年間における実質国内総生産の年平均成長率は、開発市場経済諸国の二・六%、発展途上諸国・地域(東アジアの社会主義国を除く)の五・〇%に対して、ソ連・東欧は六・八%であり、輸出(輸入)の年平均成長率は、開発市場経済諸国の輸出八・五%(輸入八・〇%)、発展途上諸国・地域の輸出四・六%(輸入四・八%)に対して、輸出九・八%(輸入一〇・一%)であった(14)。

一九世紀型国民経済形成に向かう試みのもう一つのヴァリアントは、大衆消費財の輸入代替工業化政策を中心に据えた開発戦略であり、ブラジル、メキシコ、アルゼンチンのようなラテンアメリカの大国や、インドを始めとするアジアの比較的規模の大きな非社会主義発展途上諸国でみられた。こうした開発戦略は比較的に大きな国内市場を必要とするために、小国にあっては、発展途上国間共同市場の結成が試みられた。アンデス共同市場、中米共同市場、中央アフリカ共同市場、アラブ共同市場、マグレブ共同市場等がその代表的な例である。

一九五〇、六〇年代における東側陣営の上述の経済的パーフォーマンスの高さは、インド、インドネシア、エジプトのような非同盟中立諸国に影響を与え、これらの国の東側への接近をもたらした。そしてそれらの国が西側諸国に対しても一定のバーゲニング・パワーをもつことになったために、そうした国を中心にして東側諸国と西側先進国との東西経済援助競争が展開されることになった。先の第一回非同盟諸国首脳会議の提唱になる国連貿易開発会議（第一回会議、一九六四年）が発足し、国連を舞台とするこの国際経済会議で新興諸国が、東西両陣営、とりわけ西側先進諸国からの数々の経済的譲歩を獲得することになったのも、東西冷戦下の第三世界をめぐるもう一つの状況であった。

三　ポスト冷戦の国際紛争

一九八九年一一月のベルリンの壁の崩壊を象徴的な事件とする、ソ連・東欧社会主義の崩壊によって開かれたポスト冷戦時代の国際紛争の状況と性格を知るためには、社会主義の崩壊の原因そのものの分析に向かわなければならない。端的に言って、その原因となったのは、一九七〇年代以降に急速に展開し、一九世紀的な国民経済形成の技術的・産業的枠組みを越えて進展した、世界経済のグローバル化＝ボーダーレス化と経済活動の情報化＝サービス化であった。西側中核諸国を頂点とする世界的分業のネットワークは、製造工業、原料、食糧といった産業別の垂直的国際分業のネットワークから、加工素材、部品、中間製品、最終製品等の生産工程別の、国境を越えて複雑に絡み合った水平的・垂直的分業のネットワークへと変化した。これを牽引したのが、西側先進世界を本拠とする巨大企業の活動の世界的展開、すなわち多国籍企業化であった。またそれを可能にしたのが、運輸・通信技術の発達であり、それを支えたのは、電子・電器工業の発達による経済の情報革命であった。

二〇世紀前半までの花形産業だった重厚長大型産業の急速な発達による国民経済形成を目指し、すでに述べたように一九七〇年代までは順調な歩みをみせたかに見えたソ連・東欧社会主義国に対して、西側先進世界では、軽薄短小型産業が花形産業とし登場するようになった。一九七四年と七九年の二度にわたる石油危機に端を発した世界的規模での景気後退が、省資源・省エネルギー政策にマッチした産業構造への転換を促した。一九五〇年以降の二〇年にわたって、西側先進国ならびに第三世界を凌いだソ連・東欧の経済成長も、一九八〇年代に入ると前二者に及ばなくなった。一九八〇―九〇年の実質GDP年平均成長率は、開発市場経済の二・九%、発展途上国・地域の三・〇%に対して、ソ連・東欧が二・四%であり、同期間の輸出（輸入）の成長率も開発市場経済の輸出七・七%（輸入七・二%）、発展途上国・地域の輸出二・二%（輸入三・一%）に対して、ソ連・東欧は輸出二・三%（輸入二・九%）に過ぎなくなったのである。

同じ変化は、同様に一九世紀型国民国家＝国民経済形成を目指した第三世界にも影響を与えた。そのための開発戦略としての、国内市場目当ての輸入代替工業化政策が行き詰まり、それに代わって、世界経済の新たな潮流にそくした、海外市場目当ての輸出指向工業化政策が脚光をあびるようになった。一九八〇年代において、全発展途上国・地域の輸出は上述のように年平均二・二%の率で成長し、輸入は三・一%の率で成長したが、それに対して、いち早く輸出指向工業化戦略に転じたアジアNIES（新興工業経済群。香港、韓国、シンガポール、台湾）の輸出は九・九～一六・八%、輸入は八・一～一五・〇%の年平均成長率で成長し、これに応じて、実質GDP成長率も、全発展途上国・地域の上述の三・〇%に対して、アジアNIESは六・五～九・七%であった。[15] このアジアNIESの中の韓国と台湾は、東西冷戦期に、東アジア冷戦体制の最前線にあって、それぞれ「自力更生」や「主体思想」をスローガンに掲げて社会主義的国民経済の建設を目指した中国や北朝鮮と相対峙しながら、日本、アメリカを他の二つの頂点とするアジア太平洋三角構造のなかで、外資導入(日・米・欧)、資本財輸入(日・米)、製品輸出(米・欧)を追求した国であり、香港、シンガポールは、もともと国際経済連関に沿ってのみ経済活動を維持しうる中継貿易港的都市である。

こうした新たな国際経済状況の中で、一九九〇年代に入ってソ連・東欧の社会主義は崩壊し、アジアでは中国とベトナムが、社会主義体制は維持しているものの、「社会主義市場経済」、「ドイモイ(刷新)政策」の導入へと、改革・開放政策への転換に踏み切った。そして、依然として主体思想を堅持し、改革・開放への転換を躊躇している北朝鮮の経済的停滞が目立っている。

これらの状況が示していることは、社会主義的国民経済形成の道であれ、資本主義的国民経済形成の道であれ、第二次大戦終結後の諸民族の多くが目標とした一九世紀的一国的国民経済形成の道が、きわめて非現実的な目標になってきていることである。それに加えて、国際政治的にも、東西対決の狭間にあって、両陣営からの政治的・経済的譲歩を勝ち取るために必要とされた、モザイク的新興国家の政治的統合の必要性は、冷戦構造の枠組みが外れたことによって希薄になった。そして新興民族国家の枠組みに代わって、一方では、国連その他の国際機関や、既成国家間関係から独立した様々な非政府系国際組織を通じる、グローバルな国際政治的枠組み形成の動きが、他方では、民族国家内での宗教的・文化的・エスニシティ的構成要素間の個別利害の対立と、そうした個別的利害に応じた新興民族国家の再編成の動きがより重要なものになりつつある。そうした意味でポスト冷戦期は、一六世紀以来の近代世界システムの中での、これまでの世界秩序のあり方を越えた新たな秩序形成のパラダイムを必要とする新時代でありながら、当分そうしたパラダイムの模索が続く、一つの混乱期だといえよう。

世界秩序のこの混乱期にあっては、そうした混乱をもたらした要因に関わる紛争の多発は避けられないとみなければならない。そしてそれは、旧社会主義国と第三世界を舞台としたものとなろう。こうした問題状況はマナス・チャタージ教授によってもとらえられている。

ポスト冷戦期の国際的問題状況を、世界が国民国家の枠組みを越えて世界的統合に向かうベクトルと、国民国家そのものの分裂に向かうベクトルの同時存在だとみる教授は、前者の傾向は、情報技術、国際貿易、世界市場の発展の結果生じたものだとみて、「統合欧州、北米経済同盟その他の経済的・政治的集団化（北大西洋機構：NATOなど）」を例示する。また後者の傾向については、「各国間のナショナリズムの諸力、また国家内部での分裂的諸力（それは冷戦によって抑止されてきたのであるが）が、統合の力に対抗し、発展途上国のみならず、西側の先進国にとっても深刻な問題を作り出している。……統合の力は経済的利益に基づいているのに対し、分裂をもたらす諸力は、文化的、宗教的その他の質的価値に基づく目標を満たそうとするところから生じる」と述べる(16)。

この指摘の中で統合化傾向として挙げられる具体例が、国民国家を統合の主体したものであるのに対して、現実には企業や非政府系の人権・環境保護団体等の国際組織のような、国際的活動主体のもつ意味も大きくなっていることに注意すべきであるが、逆に国民国家の分裂化傾向についての指摘は的確である。そしてこの分裂化傾向は、二〇世紀までに基本的には均質的な国民経済の形成を終え、いまや国民国家の枠組みを越えた新たな統合に向かいつつある中核世界においてよりも、すでに示したようなモザイク的社会構造を脱していない新興民族国家で顕著である。このためにポスト冷戦期における紛争は、旧社会主義世界および第三世界における内部紛争の形で多発しているのである。

ちなみにUNDPによれば、一九八九―九二年の間の武力紛争八二件の内、国家間武力紛争は僅か三件のみであり、対立の多くは発展途上国国内のエスニシティ間紛争である。また、一九九三年には、世界四二ヵ国で五二件の大きな紛争が勃発し、三七ヵ国で政治暴動が起きているが、その七九ヵ国中の六五ヵ国が発展途上国である。(17)

ソ連邦崩壊の直接のきっかけになった連邦内バルト三国の分離独立(一九九一年)、エスニシティ的・宗教的分離を求めるチェチェン紛争(ロシア軍の侵攻、一九九四年)は、社会主義イデオロギーと共産党一党支配による連邦的統合そのものの崩壊に伴った紛争である。また、ソ連軍の撤退(一九八九年)、社会主義政権の崩壊(一九九二年)につづいて、宗教的派閥とそれに結びついた利害集団間で起こったアフガニスタン内戦、旧くから民族紛争の温床でありながら、一九四五年の連邦人民共和国樹立以来、東西冷戦の狭間でかろうじて政治的統合を維持してきたユーゴスラビアでの、スロベニア、クロアチア、マケドニアの独立(一九九一年)過程における、またボスニア・ヘルツェゴビナ独立宣言(一九九二年)に続く、その構成民族間の内戦は、冷戦構造のたがが外れたことに起因する紛争の例である。そしてアフリカでの、大統領の国外逃亡に続く無政府状況下での飢餓と武力抗争が続くソマリア内戦(一九九二年)、ルワンダ・ウガンダ両国に跨がるルワンダ難民紛争(一九九〇年)は、まさにモザイク型新興民族国家の限界が露呈したものと言えよう。これらはポスト冷戦期に多発しつつある上述の多数の国際紛争の中のほんの一握りの例にすぎない。

冷戦の終結が第三世界の紛争にあたえる影響について、ヤン・ティンバーゲン教授等の研究は、二つのシナリオを示している。

第一のシナリオは、冷戦終結が地域紛争のいくつかを解決するというものであり、「二超大国がイデオロギー的に対立していると、地域紛争の当事者は、どちらかの大国の援助をあおぐことができるので、世界の安全保障は損なわれることになる。しかし、このような二超大国が平和的共存政策をとれば、このような地域紛争のいくつかは解決されるであろう」と述べられている。[18]

第二のシナリオは、この予想は必ずしも当たっておらず、「『東西冷戦』の終結で、軍拡競争がすべて解決したわけでなく、地域的な軍拡という新しい問題が生じている」として、「冷戦終結後の『軍縮』問題と民族間あるいは宗教の違いを背景とした地域紛争」多発の可能性があるとするものである。[19]

これに対して、私のこれまでの問題状況についての分析から導かれるものは、第二のシナリオに近い。そして途上国の軍事支出促進の三要因として、①先進国の武器輸出、②貧困国同士の抗争、③経済発展過程〔開発（軍事）独裁の出現——引用者〕を挙げてこの問題を検討する際の[20]、マナス・チャタージ教授の次の認識に共通するものである。[21]

「超大国の軍縮は必ずしも発展途上国の軍事支出を減らしはしないだろう。それどころか地域的・国内的緊張の増大と、自国の経済を維持するためにも新しい市場を見つけようとする先進国の強欲のために、同じ水準にとどまるか、あるいは増大すらするかもしれない。」

「景気が後退している今、この失業〔米国の軍縮で生ずる失業——引用者〕は、経済が好転する可能性を考えに入れてもなお、非常に厳しい。これを埋め合わせる一つの道が、兵器輸出を増やすことである。米国の外交政策は著しく企業利益によって方向づけられているので、そういうことは起こり得るし、そうなれば途上国間の紛争はさらに増えるだろう。」

「ロシアをはじめCISの構成国は、米国との軍備競争に関心をもっていないことは明らかであるが、途上国向けに武器を輸出することには非常に乗り気で（またすでにそうし始めており）、それが途上国間の紛争の火に油を注ぐことになる。」

「この兵器輸出とならび、発展途上国の兵器への支出を促す第二の理由は、失業、開発水準の低さ、民族・宗教・部族・言語的な差別、天然資源の欠乏や枯渇に起因する、国内紛争および地域紛争である。」

実際、これもUNDP『人間開発報告書』によれば、通常兵器の輸出では、一九八五年と一九九二年の間に世界の輸出総額は四〇〇億ドルから一八〇億ドルへと年平均マイナス一〇・五％の率で減少したが、発展途上国向け輸出は年平均マイナス一・六％の率でしか低下せず、内戦国／紛争国へは逆に年平均一・八％の率で増加し、その主な供給国は、図Ⅳ―1、図Ⅳ―2に示すように旧ソ連、アメリカ合衆国を中心とした国連安保理の常任理事国である[22]。

ポスト冷戦期における紛争発生の原因を除去するための、新たな国際秩序を創出することなしには、こうした状況は根本的には変わらないであろう。先進国における軍縮の成果を途上国貧困問題の解決に回そうとする、いわゆる「平和の配当」構想も、貧困国での紛争発生の根源を断つことなしには、まさに砂漠に水を撒くに等しいであろう。ちなみに同上報告書によれば、一九八七年から九四年にかけての、先進国（中国を含む）の「実質累積平和配当額」（一九八七年の実質軍事支出――一九九一年価格で実質化――を基準にした、各年軍事支出減少額の累計）の八〇七〇億ドルは、同期間の発展途上国の実質軍事支出累計額の一兆三四〇〇億ドルに及ばず、年三％の削減率を見込んだ一九九五―二〇〇〇年の推計

図Ⅳ—1　国連安保理の常任理事国が、兵器の大半を発展途上国へ供給

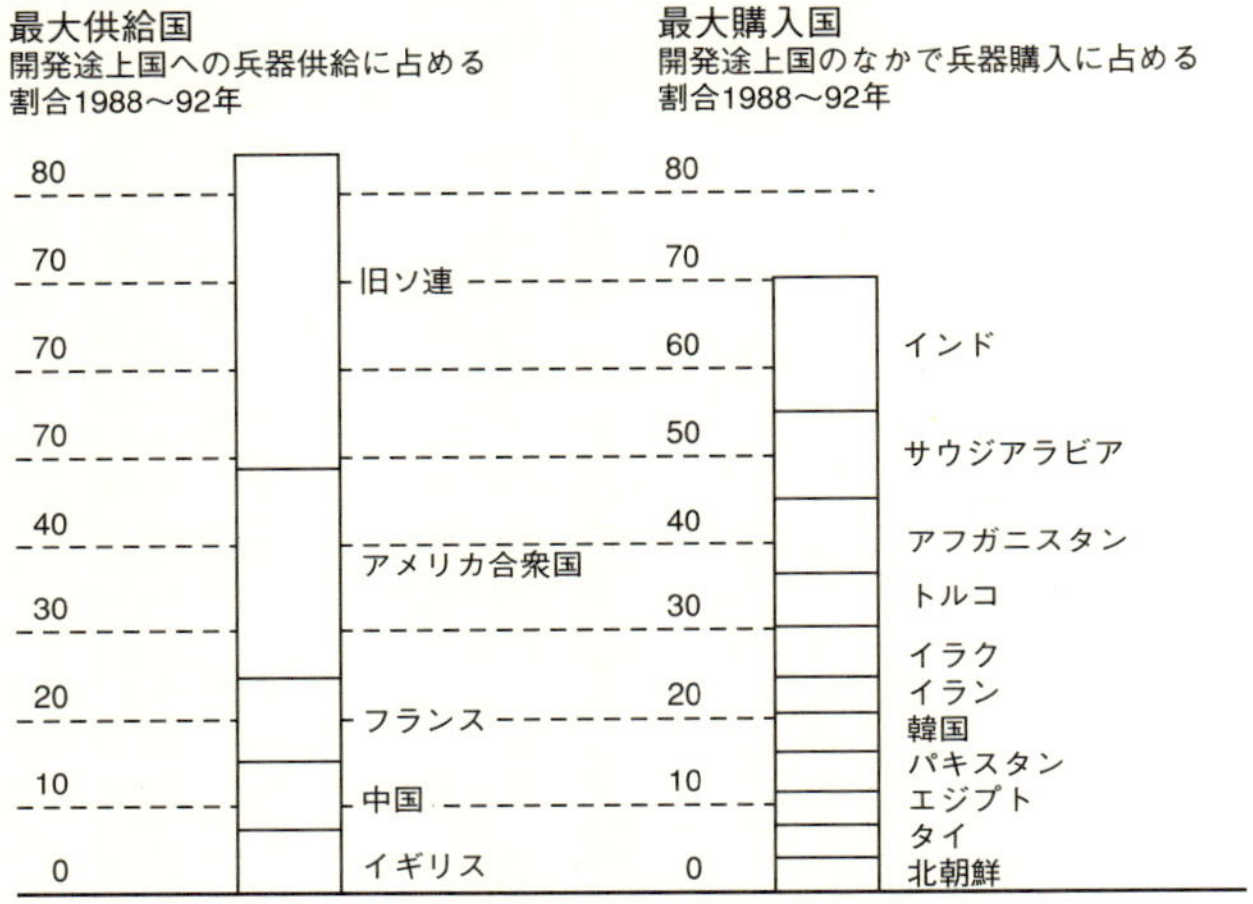

図Ⅳ—2　紛争国への兵器供給国

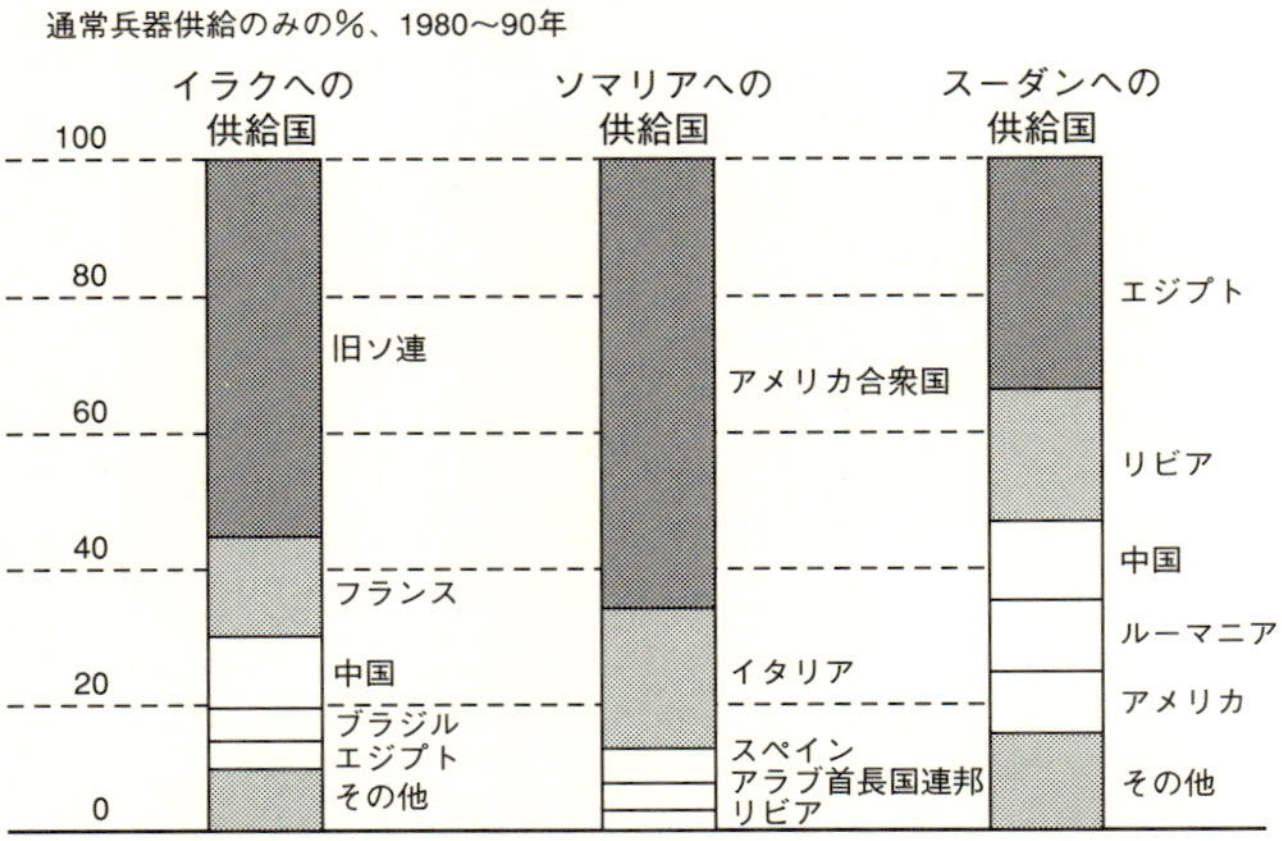

（出所）UNDP『人間開発報告書　1994』国際協力出版会，55ページ．

でも、先進国「実質累積平和配当額」見込みの三八六〇億ドルに対して、発展途上国軍事支出累計見込み額は六三五〇億ドルなのである。[23]

ティンバーゲン教授等は、こうした冷戦終結後の地域紛争の解決のための国連の強化を主張し、「冷戦終結後多発するといわれる地域紛争には、我々が何度も指摘するように世界経済統合の推進と国連の強化以外にはないであろうし、これからの三大超大国といわれる欧州共同体、米国、日本は、これらの国の間で経済競争が政治的対立にまでいたらないように相互の信頼関係をより強いものにしなければならないであろう」と述べる。[24]

世界的秩序維持のための現在の国際政治的枠組の発展段階のもとでは、もちろん国連が大きな役割を果たさざるを得ないことは否定しえない。しかし一九世紀的国民国家の形成の度合いに応じて交渉力に相違があり、また兵器輸出の実態が示すような、大国のエゴが統御できない状況や、紛争への直接的介入の方法としての各種国連平和維持活動のこれまでの実績よりみて、それらが問題状況の発展に立ち遅れており、南北問題解決のための新しい世界秩序創設の努力が、もう一方で強く要求されていることを軽視してはならないであろう。

（1）「長期の一六世紀」（一四五〇—一六四〇年）に、「新大陸」と、西地中海沿岸諸国、北西ヨーロッパ、東ヨーロッパ、アフリカ西岸に成立した国際分業圏を、I・ウォーラーステインは「ヨーロッパ世界経済」と呼んだ（I・ウォーラーステイン『近代世界システム〈II〉』岩波書店、一九八一年、原著一九七四年、二一一—三ページ）。

(2) ＵＮＤＰ（国連開発計画）『人間開発報告書　一九九四』（国際協力出版会）四九―五〇ページ。

(3) 中野洋一「『南北問題』における盲点――発展途上諸国の武器貿易と貧困」（『アジア・アフリカ研究』第三四巻第一号、一九九四年、五ページ）。

(4) UNDP, *Human Development Report 1995*, Human Development Indicators Table 14.

(5) ＵＮＤＰ、前掲書（注2）、五〇ページ。

(6) 服部　彰編『冷戦終結後の軍縮問題と世界経済の再建』（多賀出版、一九九四年）一三四、一三六ページ。

(7) 石井秀明「冷戦後の国際秩序と南北問題――世界同時軍縮と開発への挑戦」（『平和研究』第一二号、一九九一年六月、四七ページ）。

(8) UNDP, *op. cit.*（注4）、Table 14.

(9) ＵＮＤＰ、前掲書（注2）、五〇ページ、図3・2。

(10) 同右書、五一ページ。

(11) 服部　彰編、前掲書（注6）、一四五ページ。

(12) 中野洋一、前掲論文（注3）、二四ページ、表10による。

(13) 藤井千之助監修『総合世界史図表』（第一学習社、一九八七年）一三〇ページによる。

(14) UNCTAD, *Handbook of International Trade and Development Statistics 1976*, Table 6. 2, 1. 5, 1. 6.

(15) *Ibid., 1992*, Tale 6. 2, 1. 5, 1. 6.

(16) 服部　彰編、前掲書（注6）、一二七―八ページ。

(17) ＵＮＤＰ、前掲書（注2）、四七ページ。

(18) ヤン・ティンバーゲン＝ディートリッヒ・フィッシャー『国際平和の経済学――冷戦時代の教訓と国連の強化に向けて』（服部　彰訳、同文館、一九九四年、原著一九八七年）一二一ページ。

(19) 同右書、一三四ページ。

(20) 服部　彰編、前掲書（注6）一二〇ページ。

(21) 同右書、一二九―一三一ページ。
(22) ＵＮＤＰ、前掲書（注2）、五四―五五ページ。
(23) 同右書、五五ページ。
(24) ヤン・ティンバーゲン＝ディートリッヒ・フィッシャー、前掲書（注18）、一四一ページ。

第V章　冷戦後東アジアの政治と経済

一　経済のグローバル化と世界の政治・経済

今日の時代を私たちは「グローバル時代」、「ボーダーレス時代」と呼ぶようになってきている。地球《グローブ》的スケールで、国境にこだわらないで、それを乗り越えてものを考える時代という意味である。こうした時代を創りだしてきたのは第二次大戦の終結とともに加速化してきた科学技術の巨大化、運輸・通信技術の進歩であり、地球上のあらゆる地域の物質的・精神的生活はそれによってますます密接に関連し合い、切り離し難くなってきている。

それを担ってきた活動主体は何であったであろうか。筆者のみるところそれは、科学技術上の理論的な発展を産業化したのみならず、その豊富な研究開発費の投入によって新たな理論的発展すら促してきた世界的大製造企業、大銀行、大商社等々であった。それらは、先進世界の少数の巨大都市に中枢的計画・管理本部を置き、世界各地に子会社・支店網を張りめぐらしてきた「多国籍企業」、あるいは「超国家企業」ないし「世界企業」と呼ばれる、国境を越えて活動する巨大企業群である。言うまでもなく、戦後その動きの先端を切ってきた国ならびに企業がアメリカ合衆国であり米系企業であった。そして後に西ヨーロッパ先進諸国と日本がそれに追随した。

(1) 東西冷戦とグローバル化

戦後世界の政治は、この経済の動きと切り離し難く結びついている。すなわち、このグローバル化の過程が米国のヘゲモニーの下で進められたことが、世界の他の地域における対抗的ナショナリズムを生み出し続けてきたのである。西側先進世界内部における戦後の注目すべき出来事であった欧州統合の誘因の一つは、米系多国籍企業による経済的支配への対抗であったことはよく知られている。すなわち、西欧における欧州経済共同体(EEC)発足(一九五八年)の狙いは、西ヨーロッパが「当時の世界において圧倒的な強さを誇っていたアメリカ合衆国に匹敵する力をつける」ことだったのである。[1]

また第二次大戦後、米国に並ぶ軍事大国として登場することになった旧ソ連がその全努力を傾注したのも、そのきわめて立ち後れた国内産業基盤と、対独戦争による経済的疲弊にもかかわらず、はじめは米国の動きに、そして西ヨーロッパと日本の戦後復興の後には、西側先進世界内部での経済活動の相互浸透による、この世界の政治的・経済的結合強化の動きに対抗することであった。米国による欧州復興援助計画のマーシャル・プラン提案(一九四七年)に対抗した、経済相互援助会議(CMEA、通称コメコン、一九四九年)の結成、北大西洋条約機構(NATO、一九四九年)に対するワルシャワ条約機構(WTO、一九五五年)の結成も対抗的ナショナリズムの一つであった。

そしてこの米国ヘゲモニーとその対抗勢力の間で成立した政治的・軍事的・経済的均衡構造としての東西冷戦構造の狭間にあって、第二次大戦後に独立を達成した旧植民地を中心とした発展途上世界も、これまた対抗的ナショナリズムのイデオロギーを前面に押し立てて、政治的・経済的な国家主権の強化を目指す共同行動をとった。非同盟諸国首脳会議（第一回会議、一九六一年）の結成、それを起動力とする国連貿易開発会議（UNCTAD、第一回会議、一九六四年）の成立、国連総会でのそれらに前後する「天然資源に対する永久的主権」決議（一九六二、六六、七三年）、アラブ産油国による石油戦略の発動（原油価格引き上げ、欧米系大産油会社関連採掘企業の国有化・民族化）とともに燃え上がった資源ナショナリズムを契機にした、「新国際経済秩序樹立宣言」（一九七四年五月）の国連決議、「国家の経済的権利義務憲章」（一九七四年一二月）の同じく国連での採択等がそれである。それらはいずれも、東西冷戦構造下での新興世界の独自性の主張を主軸に据えたものであった。発展途上世界は、東西対立に乗じたバーゲニング・パワーを駆使することによって、その政治的・経済的主権を確保しようとしたのである。西側資本主義世界、東側社会主義世界に対して、しばしばこの世界が「第三世界」と呼ばれたのはそのためであった。

この発展途上世界の動きは、西側先進世界とはやや異なった特徴を示していた。すでに一八～一九世紀に「国民経済の形成」を終えた西側先進世界が、経済のグローバル化の進展に即応した、国家の経済的・政治的主権の段階的統合の方向を目指したのに対して、発展途上世界の至上目標は、まさに前世紀的な「国民経済の形成」であり、発展途上諸国間の国際的協同行動はそのための手段に過ぎなかった。そしてこの目標追求にあたっての政治的主権の範囲は、その植民地・従属国時代に列強によって恣意的に引かれた境界線に従ったものであって、その中には様々なエスニシティ集団や宗教グループ等、潜在的には対立的な要素が含まれていたことを見落としてはならない。

その点では、その大半が戦前の植民地・半植民地・従属国であった東欧とアジアの新興社会主義世界も、その理念には国境を越えた社会主義的国際主義を掲げながらも、発展途上世界と同様なエスニシティ的・宗教的・文化的内部問題を抱えていた。だが東西冷戦体制下にあって、そうした政治的主権内、あるいは同一陣営、同一グループ内での構成諸要素間の内部対立の表面化は、冷戦イデオロギーおよび国民経済形成論理のもとで厳しく抑えられてきた。西側先進世界経済のグローバル化の動きを前にして、国内的・国際的な政治的団結の崩壊は、その国民経済形成という至上目標の挫折を意味するものにほかならなかったからである。発展途上世界における様々な形態での開発（軍事）独裁、社会主義世界での共産党一党支配下での厳しい政治状況がそれである。

(2) ポスト冷戦における変化

一九八〇年代末以降のポスト冷戦期の幕開けは、そうした国際政治状況を変えた。冷戦体制の終焉自体は、世界戦争の回避という点で望ましい事態ではあった。しかしその反面でそれは、新しい世界秩序の形成にあたっての新たな問題状況を生み出したのである。

まず第一に、ソ連・東欧社会主義の解体や中国での改革・開放政策の導入は、旧東側陣営の側での、従来の偏狭な対抗的ナショナリズム終焉の時代をもたらし、それがまた、東西冷戦によって強化されてきたそれまでの冷戦型第三世界ナショナリズムをも希釈化することによって、それらの下で抑えられていた構成諸要素間の対立を噴出させることになった。これらの世界で相次いで起こっている様々な民族紛争がそれを示している。**図Ⅴ―1**で示されているのは一九九四年末の世界の主な民族・宗教紛争だが、

図V—1　世界の主な民族・宗教対立

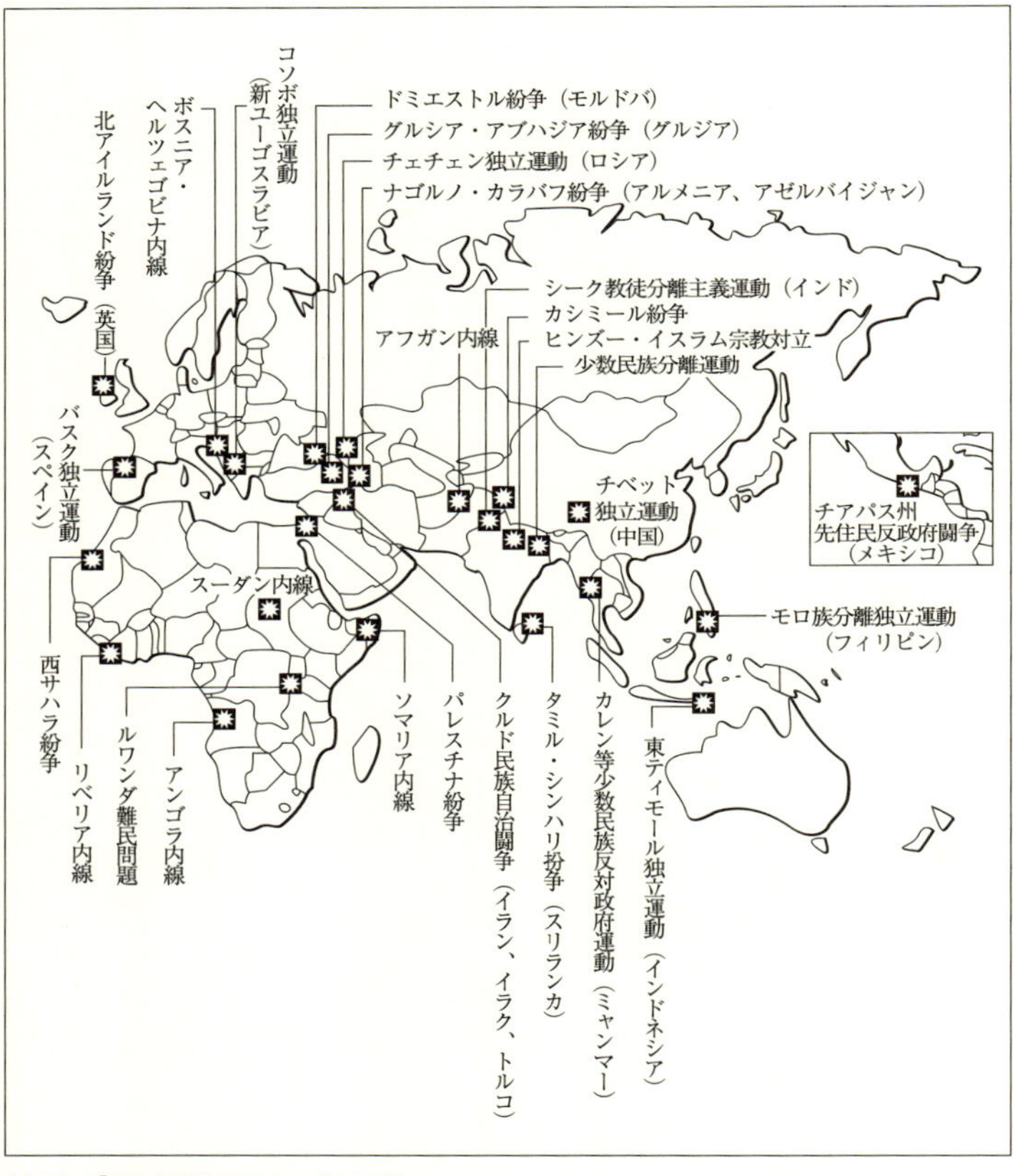
コソボ独立運動（新ユーゴスラビア）
ボスニア・ヘルツェゴビナ内線
北アイルランド紛争（英国）
ドミエストル紛争（モルドバ）
グルシア・アブハジア紛争（グルジア）
チェチェン独立運動（ロシア）
ナゴルノ・カラバフ紛争（アルメニア、アゼルバイジャン）
シーク教徒分離主義運動（インド）
カシミール紛争
アフガン内線
ヒンズー・イスラム宗教対立
少数民族分離運動
バスク独立運動（スペイン）
チベット独立運動（中国）
チアパス州先住民反政府闘争（メキシコ）
スーダン内線
モロ族分離独立運動（フィリピン）
西サハラ紛争
リベリア内線
ルワンダ難民問題
アンゴラ内線
ソマリア内線
パレスチナ紛争
クルド民族自治闘争（イラン、イラク、トルコ）
タミル・シンハリ扮争（スリランカ）
カレン等少数民族反対政府運動（ミャンマー）
東ティモール独立運動（インドネシア）

（出所）：『朝日新聞』1994年11月30日付.

旧ソ連邦、旧ユーゴスラビア連邦共和国で激化した紛争をはじめとして、発展途上世界における以前からの民族・宗教紛争の多くも、このポスト冷戦期に改めてその激しさを増してきている。そしてそうした紛争のための武器需要が、冷戦時の主要軍事強国だった国々の武器輸出を促している。

ストックホルム国際平和研究所の調査によれば、世界の通常兵器の取引額は、冷戦終結の影響で一九八七年の約四六〇億ドルをピークに九三年の二二〇億ドルに減少したものの、九三年のその輸出額の八六％が国連安保理常任理事国（米国四八％、ロシア二一％、ＥＵ――常任理事国以外も含む――二〇％）によっているという(2)。

第二の問題は、前述のグローバル化が、利潤極大化をその運動原理とする巨大企業による、先進国・先進地域のなかで生み出された近代科学技術の世界化というかたちで進んできたことによって生じてきたものである。それは、発展途上国の伝統的農村社会や、地場産業、伝統産業の存続の余地を奪うことによって、発展途上世界内部に膨大な遊休労働力を生み出した。そうした労働力の一部は、今や滔々として先進世界に流れ込みつつある。この労働力国際移動の流れは旧社会主義世界の解体や、改革・開放政策の導入によって加速化し、先進世界での景気停滞による失業率の上昇とも相まって、さまざまな形での民族的排外主義の台頭や社会不安激化の一因ともなっている。

第三に、世界の新たな地域主義的再編成の動きがある。米国の圧倒的な軍事的・経済的優位の下でそのグローバル化を進めてきた西側世界は、西欧諸国と日本の戦後復興の完了と経済的発展に伴って、経済的には、米国支配体制から西欧、日本を含めた三極体制に移行しつつあった。この三極体制による西側世界の分裂を押し止めていたものは、一つには西側世界経済が全体的に景気上昇局面にあったことであり、もう一つには東西対立の存在、つまり東側陣営の対抗的ナショナリズムが、逆に西側世界の統一維持への反作用を及ぼしたことであった。

だが皮肉なことに、冷戦構造の解体に時期を合わせて、西側先進世界全体が深刻な景気下降局面に突入した。ちなみに西側工業国の実質GDP成長率は一九八六―八九年平均の三・五％から九〇―九五年平均の一・九％に低下し、各年の動きでは、対前年成長率低下が始まった一九八九年の三・三％（八八年は四・四％）から、さらに九〇年の二・四％に低下して以後、六年間にわたって八九年の水準を回復していない。これは過去における深刻な世界的景気後退期であった第一次石油危機時の、同じ西側工業国の一九七四年の実質GDP成長率〇・六％（七三年は六・二％）が、二年後の七六年には四・九％に回復したのとは対照的である。また失業率も、一九八九年から九四年の間に西側全工業国の六・六→八・一％、うち主要先進七ヵ国の五・七→七・三％、うちEUの九・二→一一・八％、うち西ドイツの六・八→八・三％と上昇している。[3] しかもまたこの景気下降局面は、西側先進世界の成長力の長期的減退傾向と重なり合っている。すなわち西側先進国（「開発市場経済」）の年平均実質GDP成長率は、戦後最高時だった一九六〇年代の五・一％から七〇年代の三・一％へ、八〇年代の二・九％へと趨勢的低下を続けてきたのである。[4]

一九三〇年代の世界不況期におけるブロッキズムの出現と世界経済の分裂、その帰結としての第二次世界大戦への突入が示したような状況の再現があるのだろうか。西欧諸国は一九九二年EC市場統合を一つの踊り場として、欧州通貨統合をはじめとする、全欧州規模でのより高次の政治的・経済的統合を目指している。米国は、一九九四年にカナダ、メキシコとの間での北米自由貿易協定（NAFTA）を発足させて後、これをチリをはじめとする米州全地域に拡大する構えを見せるほか、アジア太平洋経済協力会議（ＡＰＥＣ）を通じての、東アジア地域との自由貿易圏の形成をも目指している。アメリカ大陸と欧州のこうした動きに対して、アジアはどうしたスタンスを採ろうとしているのか、またそこに生まれる政治的・経済的問題点は何か。政治と経済のグローバル化という歴史的状況の変化からみて、三〇年代のブロッキズム出現からの単純な類推は出来ないであろう。

冷戦終結前後の東アジアの政治と経済の流れをみることによってこの点について考察しよう。

二　ポスト冷戦と東アジア

(1) 冷戦構造下でのアジアNIESの成長

「東アジア」の範囲は人によって様々だが、ここではミャンマー以東の、中国を含むアジア地域であり、通常「東南アジア」および「極東」と呼ばれる地域を含むものとしておこう。冷戦体制下におけるこの地域は、まことに政治的緊張に満ちた地域であった。いや朝鮮戦争や、ベトナム戦争や、カンボジア戦争は東西対決が実際に火を噴いた熱い戦争であった。だがこの地域にあって、そうした冷戦構造のなかで異例の経済成長を達成したのが、アジアＮＩＥＳ（新興工業経済群）あるいは「アジア四小龍」とも呼ばれる、韓国、台湾、香港、シンガポールであった。一九七〇―九〇年の二〇年間におけるこれら四ヵ国の年平均実質ＧＤＰ成長率は、西側先進世界三・〇％、全発展途上世界四・三％（全アジア――西アジア、南アジアを含む――五・七％、ラテンアメリカ三・六％、アフリカ三・二％）、ソ連・

東欧三・九％に対して、最も低い国シンガポールの七・五％と最も高い国韓国の九・四％の間にあった(5)。東西冷戦期におけるこのアジアＮＩＥＳの成長の原因として考えられるのは、少なくとも次の三つである。

第一に、一九五〇年代から六〇年代にかけて、東アジアにおける東西対立の最前線にあった韓国と台湾に与えられた、米国を中心とした西側先進国の経済・軍事援助がある。それは、その後の経済発展の基盤をなす社会資本（運輸・通信施設、電力・セメント等の基礎産業、学校教育施設等）の形成を可能とした。

第二に、国連貿易開発会議（ＵＮＣＴＡＤ）における発展途上国グループの要求によって一九七〇年代初頭に実現した、西側先進国による対途上国全般的特恵の供与（発展途上国からの工業製品・半製品の輸入に対して特恵的な低関税率を適用する制度）が、これら諸国の対先進国市場の輸出拡大に寄与した。このことは、その外交姿勢において親欧米的だったにもかかわらず、非同盟中立国を中心にしてＵＮＣＴＡＤ成立に向けて結束した発展途上世界全体の動きによってもまた、アジアＮＩＥＳの輸出拡大が支えられたことを意味する。また、次第に国際競争力を失ってきた米国通貨ドルに対する日本の円高が進行したことは、自国通貨をドルにリンクさせたアジアＮＩＥＳの米国市場での対日競争力を強化し、環太平洋地域におけるその地位を高めるのに有利な条件となった。

第三に、前述した国民経済形成への道として、輸入代替工業化戦略（輸入工業製品の国産化）を目指したラテンアメリカ諸国（特にブラジル、メキシコ、アルゼンチンのようなラテンアメリカの大国）や、その他アジア諸国（特にアジアの発展途上大国、中国、インドやインドネシア）とは異なって、アジア

ＮＩＥＳがその工業化の早い段階で輸出指向工業化戦略（国内市場向け工業化ではなく、国際市場向けの工業化を目指す開発戦略）に開発戦略を転換したことが挙げられる。積極的な外国資本の導入政策の採用――多くの発展途上国は、植民地時代の経験から外資に対しては警戒的であった――を伴って進められたこの開発戦略は、前述の西側先進国企業活動の多国籍企業化にいち早く呼応し、その子会社の誘致と、部品・中間財生産工程、最終組立工程の導入を進めた点で、世界経済のグローバル化の流れに適応したものであった。またそれはグローバル化への、工業化を通じての適応という点で、食料・その他工業用農産原料、鉱物資源といった一次産品輸出依存の形で世界経済と結合しながら、その価格引き上げを通じての発展を目指したアラブ産油国や、アフリカ、ラテンアメリカの資源保有国とも異なっていた。こうして「アジア四小龍」の一九七〇―九〇年の年平均輸出成長率は、西側先進世界の一三・三%、全発展途上世界の一四・一%、ソ連・東欧の一〇・二%に対して、最低のシンガポールの一九・四%と最高の韓国の二六・四%の間の著しく高い値を示したのである。(6)

アジアＮＩＥＳのこうした発展戦略の採用は、そこでの教育を受けた有能な研究者、プランナーや官僚の存在以上に、それらの国が置かれた歴史的・地理的条件によるところが大きいと筆者はみている。同じ発展途上世界のメンバーとして他の発展途上諸国と共通した多くの特徴をもつと同時に、これらの諸国は、他の発展途上諸国とは異なった性格をもった国々であった。韓国、台湾は資源小国であり、その面でもともと対外的依存性をもっている。その上に、国際政治的には日本と共に米国の極東安全保障体制に組み込まれており、国際経済面でもこの体制の存在とは無関係でありえなかった。また、香港とシンガポールも同様に、中国や、インド、ミャンマー、インドネシアといった、かつて非同盟中立グループの主要メンバーであり、ときには親ソ連、親中国的姿勢を示してきた諸国ならびに社会主義ベトナムと相対峙する地政学的位置にあるとともに、もともと世界経済の動きに即応することなしには経済的に存立しえない中継貿易港植民都市であった。そしてこうした諸条件の下で、これらの国の輸出貿易の拡大とそれによる経済成長の加速化は、日本と米国の海外直接投資、日本からの資本財・中間製品の輸入とその加工、米国市場への製品輸出といった、「日本—アジアＮＩＥＳ—米国・トライアングル構造」の中で可能となったのである。

アジアＮＩＥＳのこうした成長は、とりわけ一九八〇年代に入ってから全世界の注目を集めはじめた。前述した西側先進世界の長期的景気停滞、ソ連・東欧の経済成長力の継続的鈍化（一九七〇年代の年平均実質ＧＤＰ成長率五・四％から八〇年代の二・四％へ）、ラテンアメリカ主要工業成長国ブラジルとメキシコでの対外債務危機の発生（メキシコ一九八二年、ブラジル一九八五年）による成長力の急下降（一九七〇年代から八〇年代にかけての年平均実質ＧＤＰ成長率が、メキシコで六・四→〇・九％、ブラジルで二・四→マイナス〇・三％）、先進国石油需要の低迷と石油価格下落による主要石油輸出途上国の成長力低下（年平均実質ＧＤＰ成長率は、七〇年代の五・五％から八〇年代の一・四％へ）に対して、アジアＮＩＥＳは七〇年代から八〇年代にかけて、シンガポール八・四→六・五％、香港九・二→七・〇％、台湾九・四→八・二％へとやや成長率を低下させたものの、依然として高い成長力を持続し、韓国に至っては、九・〇→九・七％とその成長率を高めさえしたのである。(7)

(2) ポスト冷戦と東アジアの地殻変動

アジアＮＩＥＳのこの成長が東アジアの政治・経済状況に与えた影響は極めて大きい。この地域に巨大な潜在的影響力をもつ中国が、新中国建国直後のソ連型社会主義的国民経済形成（重工業輸入代替工業化戦略とソ連援助への依存）から、「自力更生」という世界市場からの孤立化政策に移行して後約二〇年の間に、アジアＮＩＥＳと中国との経済格差は大きく開いてしまった。ちなみに一九八〇年の中国の一人当たりＧＤＰの二九〇ドルは、韓国（一五二〇ドル）の五分の一、香港（四二四〇ドル）、シンガポール（四四三〇ドル）の一〇分の一に満たなくなっていた[8]。一九六〇―八〇年の二〇年間における中国の年平均一人当たり実質ＧＤＰ成長率が三・六％だったのに対して、アジアＮＩＥＳのそれは、韓国の六・七％と香港の八・一％の間だったのである[9]。

中国の改革・開放政策への移行の大きな契機には、その目の前でのこのアジアＮＩＥＳの急成長がある。中国は一九七八年における改革と対外経済開放路線の確立（中共第一一期第三中全会）を経て、一九八〇年に広東省（深圳、珠海、汕頭）と福建省（厦門）に最初の経済特区を設置することを決定したが、それは一九六〇年代後半に台湾が最初に導入し、その後韓国がその後を追った輸出加工区、自由貿易区設置政策の模倣であった。また、その後の一四沿海都市（一九八四年、大連、秦皇島、天津、煙台、青島、連雲港、南通、上海、寧波、温州、福州、広州、湛江、北海）、三沿海デルタ地区（一九八五年、長江デルタ、珠江デルタ、閩南《びんなん》〔福建省南部〕デルタ）の対外開放の決定を経て、一九八八年に趙紫陽中共総書記が提起した「沿海地区経済発展戦略」（『人民日報』で発表）は、旧来の社会主義型輸入代替工業化戦略からの大幅な転換を理論的に提起したものであった。そこでの、中国沿海地域の地理的な条件を活かしながらその地域に外国資本を導入し、加工用原料・中間財の供給先と製品販売市場を海外に求める「両頭在外」方針は、経済のグローバル化のなかに身を置くことによって自国の経済発展を図ろうとする発展戦略そのものである。(10)

一九八五年にソ連共産党書記長の座についたゴルバチョフが矢継ぎ早に打ち出した「ペレストロイカ（再編・改革）」、「グラースノスチ（公開制）」、「新思考外交」路線の背後にあったのも、ソ連・東欧社会主義の経済的停滞であたった。ソ連・東欧陣営は、一九五〇年代から七〇年代半ばにかけては西側先進世界や発展途上世界よりも急テンポで成長していた。ちなみに一九五〇―七四年のこの世界の年平均実質GDP成長率の七・六％は、西側先進世界の四・五％、発展途上世界の五・四％を凌いでおり、それが宇宙開発や長距離弾道ミサイル開発における対西側優位と相まって、多くの発展途上国には、急速な経済成長にとっての中央計画の有効性を示すものともみえた。(11)

だが、七〇年代後半に入るとその成長力は急速に衰えはじめ、八〇年代に入ると西側先進世界（二・九％）、発展途上世界（四・八％）に比較して最も低い成長地域（二・四％）に転落してしまった。中央計画による重厚長大型産業の重点開発には成功したものの、経済運営の硬直性のゆえに、ハイテク・情報産業等の軽薄短小型産業への転換、経済の情報化に伴う世界経済のいっそうのグローバル化の流れの中で、西側世界に大幅に立ち後れたのである。そして実は、西側先進世界におけるこの転換は、七〇年代半ばの石油危機を契機に加速化し、その間にこの転換の先端を切った資源小国日本の国際競争力の急上昇、それと結びついたアジアNIESの急成長をもたらしたのである。

大津定美は、東アジアでのこの成長がソ連の経済改革の外的誘因の一つであったことを指摘し、「一九八〇年代に入ってからは中国が大胆な開放経済政策をとりはじめ、一定の成功を収めはじめたことが大きな刺激になっている。さらにホンコンやシンガポールなどアジアＮＩＥＳの経済発展の影響、とりわけ『米国援助に頼った脆弱な軍事独裁経済』とみてきた台湾や韓国が米国や日本市場に食い込むほどの急速な工業化に成功したことは、『重工業大国』を自負してきたソ連にといっては一大ショックであったにちがいない」と述べている。[12]

それだけではない。当時のゴルバチョフをはじめソ連共産党執行部には、さらに積極的に、東アジアと結び付いた新国際経済関係の展開の中でソ連経済の活性化を図ろうとする構想がみられた。一九八六年のゴルバチョフ・ウラジオストク演説（ソ連を「アジア太平洋国家」と規定し、東アジア諸国との経済関係改善の意思を表明）、八七年のソ連共産党中央委員会政治局による、「二〇〇〇年までの長期極東総合計画」の承認、八八年のゴルバチョフ・クラスノヤルスク演説（アジア太平洋地域の安全保障、極東経済特別区の設置と優遇措置の意向を表明）、八九年の韓ソ貿易事務所の相互設置、ゴルバチョフ訪中と中ソ和解共同コミュニケ（極東一二万人の兵力削減と、中ソ国境での経済特区の設置）等、同年末のブッシュ＝ゴルバチョフ・マルタ会談（冷戦の終結と新世界秩序樹立を宣言）に先立つ一連の対東アジア政策の展開がそれを示している。

経済的状況のこうした展開によって衝き動かされた東アジアでの冷戦構造の熔解は、中ソ和解、ベトナムでのドイモイ（刷新）路線の採用（一九八六年第六回共産党大会、九二年刷新憲法）、韓ソ国交樹立（一九九〇年）、南北朝鮮国連同時加盟（一九九一年）、韓中国交樹立（一九九二年）、カンボジア問題の解決（一九九三年、新生カンボジア憲法）と相まって、東アジアにおける新たな国際政治状況を作りだし、それがまた、そこでの経済的構造にも反作用して、東アジア全域における地殻変動を誘発した。

(3) 東アジア成長地域の拡大

一九九四年のＩＭＦ・世界銀行の共同発行誌に「発展途上アジア――新たな成長極の出現」と題して掲載された一論文は次のように述べている。

「これまでの成長のエンジン――七大工業国グループの成長――が緩慢になっているので、発展途上アジアが、今後五～一〇年における世界経済の成長の新しい機関車となる可能性がある。東および南アジアの世界生産シェアは着実に高まっており、この一〇年間の残りの期間の、世界の最も速い成長地域になると予想される。現在の見通しでは、発展途上アジアは、二〇〇〇年までの世界生産の約半分を占めるであろう」と。[13]

実際ポスト冷戦期の一九九〇年代に入ってからの年平均実質ＧＤＰ成長率（一九九〇―九五年、ただし一九九四、九五年については成長見通し）は、七大先進工業国（米、日、独、仏、伊、英、加）の一・九％、「移行経済諸国」（旧ソ連・東欧・モンゴルの旧中央計画国）のマイナス八・二％、全発展途上国の五・三％に対して、東・南アジアは七・三％であった。[14] また東・南アジアの内訳では、ＮＩＥＳの六・五％、中国・モンゴル（主として中国）の九・六％、東南アジア（インドシナ三国、インドネシア、マレーシア、フィリピン、タイ）の七・〇％、南アジアの四・四％となっており、中国と東南アジアの成長が顕著になってきている。[15] 先進工業国や旧ソ連・東欧の停滞をよそに、東アジア経済成長の先端を切ったアジアＮＩＥＳの成長は、中国、東南アジアに波及しつつあるのである。

その理由は何であろうか。まず第一に、東アジア冷戦構造の解体による東アジア政治状況の安定化と、中国、ベトナムの開放政策への転換が、この地域への海外直接投資を引きつけたことが挙げられる。従来アジアNIESに集中してきた海外直接投資が、中国、東南アジアにその方向を転じた。一九八七年を基準にした九二年の数字では、それはアジアNIESに対しては〇・七倍の増加にとどまったのに、東南アジアに対しては四・六倍、中国に対しては三・八倍の増加をみたのである。[16]

東南アジアと中国への海外直接投資大幅増加の中にはアジアNIESからの投資も含まれている。アジアNIESの対米輸出の増大は対米貿易摩擦を激化させ、米国の圧力の下でNIES通貨の切り上げ（一九八七年）、GSP（全般的特恵制度）の廃止（一九八九年）を余儀なくさせた。経済成長に伴う国民の消費水準の上昇、東アジア冷戦構造の熔解過程と並行して進んだ韓国、台湾での民主化による賃金上昇圧力がそれに加わって、アジアNIESの中で、台湾は一九八八年、韓国は一九九〇年以降、従来の直接投資純受入れ国から純投資国に変り（シンガポールは依然として純受入れ国でその額を増加させているが）[17]、その投資は東南アジア諸国と、中国に向かうことになったのである。

第二に、ポスト冷戦期のこの東アジアの成長が、地方間・民間企業間経済交流によるところが大きかったことが挙げられる。両岸経済圏（台湾、福建省）、華南経済圏（香港、広東省、海南省）、環黄海経済圏（中国渤海湾・黄海沿岸、韓国・北朝鮮西岸）、バーツ経済圏（タイ、インドシナ半島）、成長の三角地帯（シンガポール、インドネシア・リアウ州、マレーシア・ジョホール州）における国境を越えた経済交流等がそれである。それらは、公式な国家間の条約にもとづいたEU、NAFTAその他の「地域的経済圏」とは自ずからその性格を異にしており、自然発生的経済交流の性格が強い。それがこの地域における国家間の複雑な外交問題の障害を回避することを可能にしたのである。もちろんこうした地方間・民間経済交流の活発化が、関係諸国の国家政策とは全く無関係だったという訳ではない。特に中国が関係する経済交流については、中国政府の改革・開放政策が、韓国が関係する経済交流についてはその北方政策の展開が背景にあったことは明らかである。だがそうした交流を実体化してきた活動主体は、中央政府そのものではなく、民間企業であり、地方自治体なのであり、華人ネットワーク、コリアン・ネットワーク等の国境にとらわれない交流主体でもあった。そしてこの地域においては、そうした先行的な経済交流が逆に中央政府の政策を動かした場合も少なくないのである。

三　東アジア安定化の課題と方法

以上で示してきた東アジアの急成長は、全世界の注目をあびているが、その反面、そこでの経済的・政治的安定化のための未解決課題をクローズアップすると同時に、新たな不安定要因をも生み出してきている。

(1)　北東アジアの立ち後れ

未解決課題の最大のものは、この地域の一部である北東アジア経済発展の立ち後れである。すでにみたように、アジアNIESに端を発した成長のダイナミズムは、中国沿海地域と東南アジアに広がっていった。しかし、中国の沿海地域と内陸部の発展格差は拡大し、一九九二年の一人当たりGNP水準では、沿海部五一〇ドル、中部内陸部二九〇ドル、西部内陸部二五二ドルとなっている。[18] そして「中部内陸部」として地理的に分類される東北二省の吉林省、黒龍江省の発展は相対的に言って緩慢である。ちなみに一九九一年の一人当たり国民収入では、一位の上海の五四二三元に対して黒龍江省は一七六五元、吉林省は一四四八元である。この地域は改革・開放以前はもともと先進重工業地帯だったので、さすがに全国平均の一四三九元を上回ってはいるが、黒龍江省は北京市、天津市はもとより、いずれも沿海にある遼寧、広東、浙江、江蘇の諸省を下回り、吉林省の上位にはさらにこれらの省の他にこれも沿海の福建省が加わる。[19]

この北東アジア地域にはまた、北朝鮮（朝鮮民主主義人民共和国）とロシア極東地域（サハリン州、ハバロフスク地方、アムール州、沿海地方）等の、いずれも日本海のみに面するか、黒龍江省や吉林省と同様、日本海を海洋への最短の出口とする内陸地域が含まれている。これらの地域の経済水準を三菱総合研究所の推計で比較すれば、一九九一年の韓国の一人当たりＧＤＰ（六五一三ドル）を基準にすると、北朝鮮（一〇七〇ドル）が五分の一足らず、ロシア極東（一五二一ドル）がほぼ四分の一である。また中国・黒龍江省の三八五ドルと吉林省の三一八ドルは極端に低い水準にあることが知られる。[20]

また『ファーイースタン・エコノミック・レビュー』誌によれば、一九八七年以来一九九三年までの北朝鮮の年平均経済成長率はマイナス一・七％、九三年はマイナス四・三％であり、同年には異例なことだが、第三次七カ年計画（一九八七―九三年）の失敗が初めて公表された。また一九九〇年にはシェワルナゼ・ソ連外相が北朝鮮を訪問し、貿易のハードカレンシーによる決済、石油供給価格の割引（国際価格の三〇％割引）の廃止等を通告し、その結果九〇年には一一億ドルに達していた朝ソ相互貿易は、九一年には三・六億ドルに激減した。[21]

ロシア極東については、一九九一年のソ連邦崩壊とＣＩＳ（独立国家共同体）形成以後、経済もまた完全な崩壊状態にある。一九九一―九三年の年平均実質ＮＭＰ（純物質生産）成長率は、マイナス一四・七％で、九四―九五年についてもマイナス八・〇％と推定されおり、インフレ率も一九九一―九三年で七八七・〇％（九二年が実に一、三五三・〇％）で、九四―九五年についての推定では二一六・四％である。[22] こうした全般的状況の中でロシア中央政府は、マクロ経済管理や頻発する民族紛争に追われ、極東地域への配慮に手が回らない。そればかりではない。一九九四年八月のウラジオストク市庁での筆者の聞き取りによれば、ロシア極東地域の貿易取扱貨物の八〇％が沿海地方を経由するのに、取扱品輸入税の八〇％は中央政府に吸い上げられるとのことであった。日本海に面したこの沿海地方は極東地域諸州全体（上述の州の他にマガダン州、カムチャッカ州、サハ共和国を含む）の中で、平均一人当たり現金収入での最下位にあり、他の二州（ハバロフスク地方、アムール州）と共に下位三位を占める。[23] こうした状況を打開するために、地方自治の確立と、そのための沿海地方知事の民選が期待され、九四年一〇月にそれが予定されていたが、エリツィン大統領の命令によって選挙直前に中止されてしまった。

こうして、東アジア成長地域拡大の動きに取り残された地域であるこの北東アジアには、残された政治的問題も多い。なによりも東アジア冷戦構造の最大の遺産の一つである朝鮮半島の南北分断状況がある。さらに北朝鮮と日本の間には国交正常化問題が残されている。ソ連・東欧社会主義の解体・中国の路線転換のこの地域への波及によって、一時期南北朝鮮間の対話（一九九二年、第六回南北首相会談での「和解・不可侵・交流協力合意書」、「朝鮮半島非核化共同宣言」発効）、日本・北朝鮮間の国交正常化に向けての動き（一九九〇年日朝三党間「国交正常化に向けての共同宣言」）が進みつつあったし、日ソ間の懸案問題だった北方領土問題も、日本側に好転の希望をもたせる兆しを示していた（一九九一年ゴルバチョフ訪日時における、北方領土問題存在の確認）。しかしその後の北朝鮮核疑惑の発生とソ連政変によって、それらの動きは中断し、上述のようなこの地域の経済的停滞が深刻となり、その間に、そこでの政治的不安定性は経済的停滞と相乗的に大きくなってきている。

(2) 東アジアをめぐる地域主義の動き

東アジアが抱えるもう一つの問題は、第一節の終わりで述べたように、米国へゲモニーの終焉ならびに世界的景気後退の中で進みつつある、世界経済の地域主義的分裂の動きにどう対応するかの問題である。東アジアにおける地域主義的な動きの中には、アジア太平洋経済協力会議（APEC, Asia-Pacific Economic Cooperation）と東アジア経済協議体（EAEC, East Asia Economic Caucus）がある。

ＡＰＥＣは一九八九年のオーストラリア・ホーク首相の提唱になるもので、アジア太平洋地域の一二ヵ国（日本、米国、カナダ、オーストラリア、ニュージーランド、韓国、ＡＳＥＡＮ六ヵ国——マレーシア、タイ、インドネシア、シンガポール、フィリピン、ブルネイ）の経済閣僚による地域間経済協力のための協議体として発足し、九三年には米国主催の第一回非公式首脳会議が開かれ、一九九四年にはその第二回会議がインドネシアで開かれた。ＥＡＥＣはマレーシアのマハティール首相が一九九〇年の中国訪問にあたって提唱し、対象国・地域はＡＳＥＡＮ六ヵ国、日本、韓国、中国、台湾、香港、インドシナ三国とされている。当初は東アジア経済圏（EAEG, East Asia Economic Grouping）と呼ばれていたのが、そのブロック主義的ニュアンスを避けるために名称が変更されたりしており、その具体的な内容は確定されていない。しかしそれが欧州統合の地域的拡大と統合強化の動きや、北アメリカでのNAFTA結成等の動きを眼前にして、東アジア独自の結束の道を探ろうとした動きであったことは間違いないところである。

すでにみたように、低迷する世界経済のなかで唯一成長を続け、「世界経済の成長の新しい機関車」、「二一世紀はアジアの時代」等々ともて囃されるアジア市場への参入を目指す米国は、このAPECを足掛かりにしてアジア市場の開放とそこへの参入を図ろうとしている。米国は世界貿易機関（WTO）の発足（一九九五年）や、このAPECにオープン・リージョナリズム（開かれた地域主義）の性格をもたせることによって、欧州やアジア市場における地歩を確保することを目指しているのである。現に一九九四年のインドネシア・ボゴールでの首脳会議では、「参加先進国は二〇一〇年、途上国は二〇二〇年までに域内の貿易・投資を自由化する」ことを、抽象的な表現で共同宣言に盛り込むことに成功し、九五年の日本・大阪会議でその具体的な内容を詰めることにした。

数々の国際会議や国際機関での、世界経済の分裂や保護主義の台頭の回避の目標を掲げた宣言の表明それ自体には問題はない。問題はその実体にある。そして日本通産省の刊行書における次の叙述はその一部を示している。(24)

「アジア地域をとりまく世界の状況を見ると欧米諸国を中心として保護主義的動きの懸念が生じている。

アメリカにおいては、わが国を含んだアジア諸国を中心とする工業製品の輸入の拡大により貿易収支赤字が拡大した結果、スーパー三〇一条が復活する一方、欧州においては、失業が増大した結果、アジア諸国の経済成長が先進国の雇用を奪っているという考え方が発生している。このため、先進国におけるアブソープションの持続が先行き不透明となり、一部のアジア諸国は、EU、NAFTAのような地域主義の動きが保護主義的性格を持つのではないかとの懸念を有している。」

一方では東アジアの市場開放を求めながら、他方ではNAFTAの結成によってこの地域の市場を確保しようとする米国の姿勢に最も強い懸念を持つのが、EAECの提唱者マハティール首相であることはよく知られている。一九九四年NAFTA発足とともに市場開放したメキシコが、一九九四年末に早くも貿易収支赤字による通貨危機に陥り、九五年に入って世界的問題になりだした国際通貨体制動揺の震源となっている。そしてそれが、発展途上国の早期の自由化は、そこでの経済発展の芽を摘み取ることになるという同首相年来の主張を今後補強してゆく可能性がある。そしてASEAN諸国は、一九九六年春に、これまた東アジアの成長に注目するEUと、日本、中国、韓国を含む計二五ヵ国の非公式首脳会議を開催しようとしているが、これには、「米国主導色が強いAPECでアジア太平洋地域が閉ざされた貿易ブロックになることを避けたい思惑がある」と同時に、そのアジア側参加メンバーがEAECと同じである点で、蚊帳の外におかれるアメリカが神経を尖らしているとも伝えられている[25]。アジアがこれまで通り力強い経済成長を続け、そこでの貿易と投資の自由化を通じて世界の分裂化傾向に歯止めをかけうるか、あるいは逆に欧米での保護主義の進展とアジア市場の蚕食によって、その成長の芽を摘み取られるか。ここに新たにクローズアップされてきている問題がある。

(3) 東アジア安定化のための日本の役割

以上で示したような東アジアにおける問題状況の中で、この地域での唯一の先進国であり圧倒的な経済力をもつ日本は何をなすべきか。最後にこの点に移ろう。

まず日本もその地域的範囲に含まれる北東アジアにおける、北朝鮮、ロシア極東の経済的停滞は、日本の安全にも関わる東アジア最大の不安定要因である。この地域は、石油・石炭・天然ガス等エネルギー資源や森林資源（中国東北、ロシア極東地域）、鉄・非鉄金属等鉱物資源（中国東北、ロシア極東地域、北朝鮮）、漁業資源（ロシア極東）等の豊富な資源に恵まれた地域であり、その開発に当たっては、北朝鮮・ロシア沿海地方の不凍港、中国の労働力、韓国ならびに日本の技術と資本等、潜在的補完性と開発可能性に富んでいる。この潜在的補完性の現実化を起動力にして、社会主義工業化時代に培われた、ロシア極東、中国東北部、北朝鮮の潜在的な社会的生産知識体系と、日本、韓国で実現されている高度生産技術体系と資本力が結び付くならば、東南アジアにはみられない力強い成長地域がここに出現する可能性がある。[26] それにも関わらず、経済停滞が続いているのは冷戦後遺症によるものという他はないであろう。

しかし長年寒風吹きすさぶ凍土であり、氷に閉ざされた海に面したこの地域にも、断続的ながらも暖かい風が吹きはじめている。海洋への出口を求める中国・吉林省が最初に提起し（一九九〇年）、国連開発計画（UNDP）がそれを推進することを正式決定（一九九一年）した、中国吉林省、ロシア極東、北朝鮮三地域が隣接する図們江（豆満江）下流域の国際共同開発構想、国連工業開発機構（UNIDO）作成の「大ウラジオストク自由経済地帯」——二〇一〇年までに一五〇〜二〇〇億ドルを投入し、ナホトカ—ウラジオストク—ポシェット三角地帯を〈自由経済地域〉として開発——構想（一九九一年）等の大構想が提起されたほか、中国、ロシア、北朝鮮の相互間に国境貿易、港湾貸与、鉄道敷設などの交渉がもたれその一部が実行に移されてきている。

その大構想の実現には巨額の資金（図們江開発については二〇年で三〇〇億ドル、大ウラジオストク構想については二〇一〇年までに一五〇~二〇〇億ドル）が必要とされており、関係諸国中央政府の大々的関与はもとより、日本資金への期待も大きいが、すでに示したロシアや北朝鮮の国内的・国際的政治上の困難の下では早急には実現の見込みはない。そして関連二国間交渉や二国間協定にもとづいたその他の小プロジェクトのみが進行中である。

日本が前述の対ロ、対北朝鮮の外交関係における懸案問題の解決までこの面での協力を引き延ばすならば、この地域の不安定性の解消は大幅に遅延することになろう。

そうした国家間関係における手詰まり状態の中で必要とされるのは、様々な形での地方間・民間交流を活性化させることであろう。その点で現在日本の日本海沿岸地域の民間団体、地方自治体が対岸地域との間で進めている文化的・経済的地方間交流の積み重ねのもつ意味は大きい。そうした地域間の地方史・地方文化、伝統産業、中堅中小企業間の言わば「顔の見える等身大の交流」こそ、国家間関係の障壁を乗り越え、そこでの手詰まりを解決する重要なステップとなろう。元韓国文化相・李御寧氏が的確な言葉で表現したように、「これまで猛威をふるってきた国民国家の権力は脱冷戦後、大きな問題を解決するには力が弱く、小さな問題を解決するには大きくて、あてはまらなくなってきた」のである。(27) すでに示したようにポスト冷戦期において、従来の国家に代わって多様な国際的活動主体が登場してきた。

様々なエスニック・グループ、宗教的グループ、非政府系組織（ＮＧＯ）の国際的活動が目立ち始めている。地方自治体・地方民間団体間国際交流もその重要な活動の一つであろう。そうした活動の積み重ねを基礎として、国連をはじめとする真にグローバルな国際機関の関与の中で、日本が官民あげて本格的にこの地域の開発に関わる時にはじめて、東アジアの成長のこの地域への伝播が可能となり、ひいては東アジアが世界の成長を牽引する力となりうるであろう。

東アジアにおける地域主義の動きについての日本のスタンスに関しても同じことが言える。この面で日本は、東アジア発展途上諸国と北米との橋渡しの役を自らに課しているが、それについてＥＡＥＣに否定的な米国やオーストラリアと、ＡＰＥＣに米国の濃い影をみるマレーシアや中国との両方から疑惑の目を向けられている。台頭する東アジア諸国と、そこに将来の巨大な市場の出現を予想する米国や西ヨーロッパの地域的利害を賭けた角逐の中での態度の決定を迫られているのである。

この点で、そのスタンスの決定に当たって重要なことは、この地域が欧州統合やＮＡＦＴＡのような制度的統合には馴染まないことをまず確認することだと筆者は思う。この地域を構成する諸地域、諸民族間の大きな経済的格差、多様な宗教的・文化的背景からみて、経済的・宗教的・文化的に比較的に同質的な西欧や北アメリカとアジアは異なっている。そしてこれまでの東アジアの経済成長もまた、すでに示したように、非制度的な自然発生的経済交流に、華人ネットワークをはじめとする超国家的な文化的・経済的交流のネットワークに依存してきたのである。この地域の国際経済交流の制度的枠組は、できるだけ緩く、可塑的なもの、構成諸国の発展水準や歴史的・文化的特性やその変化に対応した弾力的なものとすべきであろう。そしてそうした基本的なスタンスの上での選択肢として言うならば、アジア重視を標榜する日本としては、ＥＡＥＣのメンバーとしての参加の姿勢を明確化しながら、その内部からさきの協力のあり方をおしすすめるべきである。そしてそれがＡＰＥＣにおける日本がよって立つ足場であろう。

最後に、以上で示した問題との関わりで特に強調しておきたいことがある。東アジアをめぐる地域主義の動きのなかでの、太平洋の東岸と西岸を意識するあまり見落とされてきているのは、東アジア成長地域を北東アジアに拡大するに当たっての日本の役割の重要性である。この媒介的役割は、日本のみならず、いまや東アジアにおける先進地域の位置を占めるに至った韓国によっても担われることになろう。朝鮮半島、日本、中国東北、ロシア極東にかけて展開する、この地域での超国家的活動主体としてのコリアン・ネットワークの役割は、このポスト冷戦期において極めて大きくなっているからである。そして朝鮮半島分断状況の解消は、そうした動きを大きく促進するであろう。その意味で日韓協力ならびに日朝関係の改善のもつ意味は極めて大きいと言わねばならない。

（１）内田勝敏・清水貞俊編著『ＥＣ経済論——欧州統合と世界経済』（ミネルヴァ書房、一九九三年）五ページ。
（２）『朝日新聞』一九九五年三月一六日付による。
（３）IMF, *World Economic Outlook 1982*, Table 1, Oct. 1994, Table A1 and A4より算出。なお一九九四、九五年は見通し。
（４）UNCTAD, *Handbook of International Trade and Development Statistics 1976*, 92, Table 1. 5 and 1. 6より算出。

(5) *Ibid.*, 1992, Table 6. 2 による。

(6) *Ibid.*, Table 1. 5 and 1. 6 による。

(7) *Ibid.*, Table 6. 2.

(8) World Bank, *World Development Report 1982*, Table 1. 一九九二年の一人当たりＧＤＰでは、中国の四七〇ドルに対して、韓国六七九〇ドル、香港一五三六〇ドル、シンガポール一五七三〇ドルである（*Ibid.*, Table 1）。

(9) UNCTAD, *op. cit.*（注４）、Table 6. 2.

(10) こうした中国の動きについては、さしあたり古澤賢治『中国経済の歴史的展開』（ミネルヴァ書房、一九九三年）第八章「開放路線による『現代化』の転換」を参照されたい。

(11) UNCTAD, *op. cit.*（注４）, 1976, Table 6. 2.

(12) 大津定美「ソ連――世界経済のなかの『ペレストロイカ』」（柳田侃編著『世界経済――グローバル化と自立』ミネルヴァ書房、一九八九年、九七ページ）。

(13) Stern, Ernest, Developing Asia：A New Growth Pole Emerges, *Finace & Development*, June 1994, p. 18.

(14) IMF, *op. cit.*（注３）, *October 1994*, Table A1, A2 により算出。

(15) Asian Development Bank, *Asian Development Outlook 1994*, Table A1 より算出。

(16) *Ibid.*, Table 1. 3 より算出。

(17) Asian Development Bank, *Key Indicators of Developing Asian and Pacific Countries*, Vol. 25, 1994, p. 38.

(18) 通産省『経済協力の現状と問題点・総論〔平成六年版〕』一〇〇ページ。

(19) 『中国統計年鑑』（一九九三年版、中国統計出版社）三三、四〇ページ。

(20) 牧野昇・三菱総合研究所『全予測・アジア〔一九九五〕』（ダイヤモンド社、一九九四年）三七ページ。

(21) 「ＡＳＩＡ一九九五」（『中央公論』一九九五年二月臨時増刊号、五六―七ページ）。

(22) IMF, *op. cit.*（注３）, *October 1994*, Table A8 による。

(23) ロシア科学アカデミー極東経済研究所『ロシア極東総覧』(東洋経済新報社、一九九四年)三一五ページ。
(24) 通産省『経済協力の現状と問題点・総論〔平成六年版〕』一五三ページ。
(25)『朝日新聞』一九九五年三月二〇日付。
(26) 本章の元論文発表時において、この潜在的可能性についての言及がなく、垂直的分業形成のの可能性のみを過度に強調した嫌いがある。後に執筆の論文でこの点を是正しているので、この部分だけは加筆しておきたい。加筆部分の詳細については、本多健吉「北東アジア経済発展と日本」(福井県立大学北東アジア研究会編『北東アジアの未来像——二一世紀の環日本海』新評論、一九九八年所収、一三—一六ページ)を参照されたい。
(27)『朝日新聞』、一九九四年九月一〇日付。

第Ⅵ章　「近代世界システム」と東アジア経済

一　発展の歴史理論について――世界システム論、従属理論、後発性利益論――

(1)　世界システム論の功罪

近年（一九七〇年以降）になって経済活動は時とともにそのグローバル化の傾向を強め、世界システムの構成要素としての国家、国民経済の意義が希薄化し、世界を動かす主体的アクターとしての国連、地域連合組織（EU、NAFTA、APEC等）、多国籍金融機関・多国籍非金融企業、NGO・NPO（非政府国際機関・非営利国際組織）等の超国家組織の重要性が増し、逆に一国や一地域の経済政策や経済活動はますます強く世界全体の動きによって規定されるようになってきている。

一九七〇年代の初頭にいち早くそうした状況に注目したのは、アメリカの社会学者I・ウォーラーステイン（Immanuel Wallerstein）だった。彼は近代以降の社会科学が研究対象とすべき「唯一の社会システムは世界システムだ」と断定し、「主権国家」、「国民経済」、「民族社会」、「民族経済」等を一つの自己完結的な社会システムとして分析し、世界システムをその算術的総和として取り扱う伝統的な社会科学や経済学を拒否した[1]。

この「世界システム論」には、世界経済内における個々の民族の運命が地球規模での出来事によってのみ外因的に決定されることを一面的に強調する欠点もあるが、一六世紀以来の資本主義がもつグローバル化傾向を明らかにする長所があると同時に、近年の世界経済の動きによって、この理論の現実的意義は時とともに大きくなってきている。

(2) 従属理論について

すでに第I章二―(1)で示したように、開発(development)と低開発(underdevelopment)は世界資本主義の歴史的展開によって生み出された、資本主義世界経済という一つのコインの裏と表の関係にあり、「低開発」は、現在の先進諸国・先進地域の「開発」によって新しく造り出されたものだというのが、ドイツ人経済学者A・G・フランク(Andre Gunder Frank)の有名な従属論テーゼであった。

国家や民族を「世界資本主義」内での複雑な歴史と構造をもつ社会システムとして分析することなく、国際的中枢(metropolis)―国際的衛星(satellite)関係および国内的中枢―国内的衛星関係の構造と、「衛星」によって生み出された経済的余剰の「中枢」による一方的収奪と流用が、一六世紀以来の世界経済の特徴だとみる「世界資本主義」認識がそこに見られ、その論理的帰結としてこの理論は、低開発衛星民族は世界システムからの「離脱(delinking)」なしには、その貧困からの脱却は不可能だと主張した。そして一九六〇年代末に登場したこの理論は、第二次大戦後の政治的独立にもかかわらず貧困からの脱却がままならない発展途上諸国の問題に取り組む社会運動家や社会科学者たちの多くの共感を呼んだ。ウォーラーステインの理論もまたそうした影響下で生み出されたとみてよいであろう。

しかしながらこの理論は、その後の発展途上国世界での出来事と齟齬をきたすようになった。一九七〇年代後半にアジア（韓国、台湾、香港、シンガポール）、ラテンアメリカ（ブラジル、メキシコ）、南ヨーロッパ（ギリシア、ユーゴースラビア、スペイン、ポルトガル）で急速な経済成長が見られ、中でもアジアの「四小龍」の発展には目ざましいものがあった。そしてそうした現象を、「豊かな者はますます豊かになり、貧しい者はますます貧しくなる」という国際的両極分解論である従属理論に照らしてどう解釈するかという問題が生じたのである。特に一九七九年の『ＯＥＣＤレポート――新興工業国の挑戦』がこの現象に注目して、それら一〇ヵ国を「新興工業国（Newly Industrializing Countries, NICs）」と呼び、その工業化の主要な特徴の一つに、輸出指向工業化戦略および外資導入政策の採用にみられる資本主義世界市場との密接な結びつきの下での経済成長を挙げたことは、「自力更生」をスローガンに掲げた文革期中国およびポルポト政権下カンボジア型の世界市場からの「離脱」戦略に成長の可能性を求めた従属理論への大きな挑戦だったのである(2)。

(3)　「後発性利益論」について

一方、一九七〇年代以降のＮＩＣｓやアジアＮＩＥＳの発展の現実を目の当たりにし、後れて発展する国は、先発国の影響の下で「後発性の利益」を享受しうるという理論が注目を集めた。米国の経済史家、Ａ・ガーシェンクロン（Alexander Gerschenkron）が一九六〇年代初頭に示した発展の歴史理論がそれである。

一九六二年の著書でガーシェンクロンは、後発国の工業化過程の歴史的特性として次の特徴が見られることを指摘していた(3)。

①後発国の工業化の速度は、先発国におけるよりもしばしば急速であった。②後発国は先発国から最新技術を導入できるために、その発展の初期に大規模で近代化された重工業を確立した。③工業化過程のこうした特徴は、先発国イギリスの場合のような工業化の自然発生的な展開ではなく、フランスやドイツでの近代的銀行制度、ロシアでの国家財政といった制度的支援体制に支えられた。④こうした工業化を押し進める際のイデオロギーは、イギリス的な合理主義、経済主義ではなく、大なり小なり理想主義的、民族主義的色彩の強いものであった。フランスのサン・シモン主義[4]、ドイツの国民主義[5]がそうした役割を果たした。

この「後発性利益論」は、東アジアの経済発展を説明するにあたって渡辺利夫によって援用された。この地域で日本→アジアNIES→ASEAN・中国へと伝播する成長の連鎖は、まさしく東アジアの後発国が「後発性の利益」を享受しえたことを示しているというのである。そして渡辺は、その利益享受の主体的条件として、東アジアにおける「権威主義的開発体制」の成立と、その下での的確な輸出指向工業化と外資導入戦略を挙げた。そして東アジアにおけるこの成長の波及は、故赤松要の命名になる「雁行形態的発展」になぞらえられた[6]。

二　東アジア経済の成長と危機

(1)　東アジアにおける「構造変動の連鎖的継起」、「玉突き的連鎖の成長構造」

日本の経済学者によって「構造変動の連鎖的継起」(渡辺利夫[7])、「玉突き的連鎖の成長構造」(平

表Ⅵ—1　各十年代の世界の実質GDP・輸出年平均成長率

〔%，（　）内輸出成長率〕

国・地域	1950−60	1960−70	1970−80	1980−90	1990−95
開発市場経済	4.1	5.1	3.1	3.0	1.7
	(7.1)	(10.0)	(18.8)	(7.6)	(6.3)
米　国	3.2	4.4	2.8	3.1	2.6
	(5.1)	(7.8)	(18.2)	(5.7)	(7.7)
EEC	5.0[1]	4.7	2.9	2.5[4]	1.2[4]
	(8.4)	(10.2)	(19.3)	(8.1)[4]	(5.3)[4]
日　本	8.2	10.3	4.3	4.0	1.1
	(15.9)	(17.5)	(20.8)	(8.9)	(8.7)
発展途上国	4.7	6.0	5.6	3.8	4.6
	(3.1)	(7.2)	(25.9)	(3.2)	(11.0)
南・東南アジア[2]	4.1	5.1	6.0	7.3[5]	7.8[5]
	(0.2)	(6.7)	(25.8)	(11.2)[5]	(15.0)[5]
内アジアNIES	5.0−9.5[3]	8.9−13.7	8.4−9.4	6.7−9.4	5.6−8.7
	(−0.1−6.5)	(3.3−39.6)	(22.4−37.2)	(9.9−16.8)	(9.5−17.6)

（注）　1)原構成6ヵ国＋デンマーク，アイルランド，英国の計9ヵ国．他の数字はスペイン，ギリシア，ポルトガルを加えた12ヵ国．　2)UNCTAD下記資料1976，1992，1993による地域分類で，「発展途上アジア」（社会主義アジアを除く）から「西アジア」を抜いた地域．　3)台湾を除く．他の数字は，韓国，台湾，香港，シンガポール．　4)欧州開発市場経済．　5)下記資料1996／97による「発展途上アジア」から「西アジア」，「中央アジア」を除いたもの．

（資料）　UNCTAD, *Handbook of International Trade and Development Statistics 1976, 1992, 1993, 1996/97*, Table 1.5 and 1.6, 6.2 より作成．

川均[8]）といった言葉で示された東アジアにおける成長の波及は、国連と国際機関の統計によって確認しうる。世界の主要地域、主要国（開発市場経済、米国、EEC、日本、発展途上国、南・東南アジア、アジアNIES＝Newly Industrializing Economies）の中で最高の年平均GDP成長率を達成したのは、一九六〇年代が日本（一〇・三%）、七〇年代はアジアNIES（八・四〜九・四%）であった（以上**表Ⅵ—1**）。そして**表Ⅴ—1**にみられたように、「南・東南アジア」が七〇年代に続いて世界の中での最高の年平均GDP成長率を示した八〇年代には、

表VI—2　アジア諸国の実質GDP年平均成長率

（%）

国・地域	1971—80年 実績	1981—90年 実績	1991—97年 実績	1998年 （　）前年推定 ［　］最新推定	1998年 実績	1999年 実績
NIES	9.0	8.3	6.8	(6.6) [2.2]	−1.9	7.0
香港	9.3	7.2	5.3	(5.3) [3.0]	−5.1	2.9
韓国	9.0	8.8	7.2	(6.9) [−1.0]	−6.7	10.7
シンガポール	7.9	6.3	8.3	(8.0) [3.0]	1.5	5.4
台湾	9.3	8.5	6.5	(6.3) [5.8]	4.6	5.7
中国	7.9	10.4	11.2	(8.0) [7.2]	7.8	7.1
東南アジア	7.4	6.1	6.9	(7.5) [−0.4]	−7.5	3.2
インドネシア	7.7	5.5	7.4	(7.9) [−3.0]	−13.2	0.2
マレーシア	7.8	5.2	8.5	(7.4) [3.5]	−7.5	5.4
タイ	7.9	7.9	6.8	(6.6) [−3.0]	−10.4	4.1
フィリピン	6.0	1.0	3.1	(6.5) [2.4]	−0.5	3.2
ベトナム	……	7.1	8.5	(9.3) [5.0]	4.4	4.4
南アジア	4.0	5.7	5.4	(6.8) [6.0]	6.2	5.5
インド	3.7	5.8	5.7	(7.0) [6.7]	6.8	5.9
パキスタン	5.2	6.2	4.7	(6.5) [5.5]	3.3	3.9

（注）前年推定は，下記資料1997＆1998年度版，最新推定は1998年版による．
（資料）Asian Development Bank, *Asian Development Outlook 1994, 1997 and 1998, 1998, 2000,* Table A1 より作成．

アジア諸国の詳細についての表VI—2が示すように、中国（一〇・四%）がアジアNIES（八・三%）を超え、九〇年代前半（九一—九七年実績）には中国（一一・二%）と東南アジア（六・九%）がアジアNIES（六・八%）を超えた。

この高成長地域の伝播は、いずれも輸出高成長および海外からの直接投資流入とに結び付いている。ちなみに表VI—3にみられる東アジアの各十年代の年平均輸出成長率の推移は、GDP成長率の推移にピッタリと合致しており、一九六〇年代の日本、七〇年代のアジアNIES、八〇年代のアジアNIESと中国、九〇年代の中国と

表VI―3　東アジアの年平均輸出成長率[1]

（%）

10年代	日本	NIES	ASEAN－4[2]	中国
1960年代	16.5	14.3	3.3	1.9
1970年代	20.5	28.6	26.1	20.2
1980年代	10.3	15.1	7.3	14.4
1990年代[3]	5.5	11.2	14.0	16.8

（注）1)NIES, ASEANについては，下記資料における各構成国の通関輸出額増加率を通関輸出額で加重平均して算出．2)インドネシア，タイ，マレーシア，フィリピンの4ヵ国．3)1997年まで．

（資料）経済企画庁編『アジア経済1998』大蔵省印刷局，1998年，参考統計10,11より算出．

東南アジア（ASEAN―4）の高輸出成長率がそれぞれの高成長の大きな原因だったことを示している。

そしてそれを可能にしたのは、それぞれの国・地域に流れ込んだ海外直接投資であった。すなわちアジア太平洋地域への海外直接投資の年平均額は、一九八八―九〇年平均ではアジアNIES四一・一%、東南アジア三二・三%、中国二二・六%だったのが、一九九一―九三年平均では、中国四五・二%、東南アジア二八・八%、アジアNIES二三・二%に変わり、一九九一―九六年平均では、中国五〇・三%（二五四・八億ドル）、東南アジア二三・四%（一一八・三億ドル）、アジアNIES二三・五%（一一三・九億ドル）となっている（**表VI―4**、一九九一―九六年平均は同表より算出）。

(2)　東アジア経済危機の出現

しかし周知のように一九九七年七月に突然発生したタイ・バーツの下落および対ドル・ペッグ制の崩壊と外資の流出に始まり、次々に東アジア諸国に波及した東アジア経済危機は、「東アジアの奇跡」、「二一世紀はアジアの時代」とまでもて囃されたアジア成長神話を一挙に崩壊させた。かつての高成長国で軒並みに通貨危機と外資流出が起こり、金融機関の破綻と貸し渋り、その結果としての企業倒産と失業の増加が相次いだのである。**表VI―2**に示したように、危機発生前には一九九八年のGDP成長率については、アジアＮＩＥＳ六・六％、東南アジア七・五％を予測していたアジア開発銀行の危機発生後の一九九八年段階の推定は、その値をアジアＮＩＥＳ二・二％、東南アジアマイナス〇・四％へと全面的な下方修正を行った。だが八八年成長実績はそれよりもはるかに低く、アジアＮＩＥＳマイナス一・九％、東南アジアマイナス七・五％で、なかでも危機発生前推定と実績の間には、インドネシアについて七・九％→マイナス一三・二％、タイについて六・六％→マイナス一〇・四％、韓国について六・九％→マイナス六・七％といった落差がある。この大幅な落差が示すものは、予測そのものの困難性のみならず、東アジアの成長力についての過大評価であることは明らかであろう。ただし東アジアにあって中国についてのみは八・〇％と七・八％でほとんど落差が見られない。その理由については、他の東アジア諸国での危機発生の原因とともに慎重に分析されなければならないであろう。

表Ⅵ―4　アジア太平洋地域への海外直接投資（年平均額）

〔100万ドル，（　）内　%〕

国・地域	1988－90年	1991－93年	1994－96年	1997年
NIES	6,118	7,355	15,426	20,802
	(41.1)	(23.2)	(22.2)	(23.7)
中国	3,358	14,346	36,605	44,236
	(22.6)	(45.2)	(52.6)	(50.3)
東南アジア	4,808	9,117	14,545	18,098
	(32.3)	(28.8)	(20.9)	(20.6)
南アジア	519	643	2,675	4,667
	(3.5)	(2.0)	(3.8)	(5.3)
太平洋諸島	77	249	300	136
	(0.5)	(0.8)	(0.4)	(0.2)
合計	14,880	31,710	69,551	87,939
	(100.0)	(100.0)	(100.0)	(100.0)

（資料）Asian Development Bank, *Asian Development Outlook 1995 and 1996, Table 1.3, 1997 and 98, 2000* Table A. 17 より作成.

三　成長の外的規定性と内的規定性について――東アジアの教訓――

(1)　東アジア経済成長の外的規定要因

まず、第Ⅱ章の近代世界経済システム形成過程の分析で示したように、同じウォーラーステイン的「近代世界経済システム」の中でも、個々の国や地域が世界的分業にどのような形で組み込まれるかによって、言い換えれば「世界経済システム」の中で、どのような地域的特性を持つかによって外的要因による影響は異なってくる。七〇年代にその急速な経済成長によって注目を浴びた「主要石油輸出発展途上国（major developing petroleum exporters）」、ラテンアメリカＮＩＣｓ、東アジアについてそれを見よう。[9]

「主要石油輸出発展途上国」のＧＤＰ成長率は、七〇年代の五・八％から八〇年代の一・三％に低下した。主要石油消費国である先進工業国の景気後退、資源・エネルギー節約的技術の開発による石油需要の減退に、北海、メキシコ湾、中国等での新油田の開発による供給増加も加わって、このグループの伝統的一次産品依存構造という植民地的経済構造の限界が露呈したのがその原因であることについては特に大きな異論はないであろう。

問題はラテンアメリカと東アジアの相違である。もう一つの「新興工業国」グループとされたラテンアメリカＮＩＣｓ（Newly Industrializing Countries）も、七〇年代から八〇年代にかけてその成長率を急落させた（メキシコが六・一％から一・二％へ、ブラジルが八・一％から二・七％へ）。一九八二年にメキシコで発生した累積債務危機（政府による対外国銀行債務返済猶予要請）が八五年にブラジルをも襲ったのである。

これに対して、「アジアＮＩＥＳ」をはじめとする東アジア諸国では、七〇年代に比較して八〇年代には全体的には成長率がやや頭打ちの傾向にあるものの、それでもなお高成長を続けている（表VI―2参照）。その地域的特性の違いは何だったのであろうか。

この点で、ラテンアメリカとアジアの対主要先進工業国・地域の工業製品貿易差額の統計（表VI―5）は興味深い相違を示している。「発展途上：ラテンアメリカ」が対米国、対ＥＥＣ、対日本の全てに対してその貿易差額が赤字であり、しかもこの赤字が年々増大していったのに対して、工業品貿易額においては「東アジア」が圧倒的な比重を占める「発展途上：南・東南アジア」は、継続的な対日・対ＥＥＣ赤字、対米黒字構造から、九〇年代初頭には対日赤字は継続しているものの、対米黒字に加えて、従来赤字だった対ＥＥＣ貿易も黒字に転じている。なかでも一貫して継続しているのは、対日赤字・対米黒字の貿易構造である。これが意味しているのは、「発展途上：南・東アジア」は工業製品貿易、特にその資本財、中間財輸入における日本の供給力と最終製品輸出における米国市場の吸収力という国際環境に依拠し得た事実である。

そしてこの点では、東アジア先発国日本の、新しい国際環境に適応しようとしてきた動きの先駆的意味は大きい。欧米市場への労働集約型製品輸出の拡大を通じて、黄金の六〇年代までに異例の高成長を維持したこの国は、七〇年代半ばから八〇年代前半にかけての原油価格高騰下における国際的景気後退期に、積極的な省労働力・省資源型高付加価値産業構造への転換を図り、その過程において、労働集約

表VI—5　発展途上グループ別・対主要工業国・地域工業製品貿易差額

（100万ドル）

（相手国）	年	世界	米国	EEC	日本
（輸出入国）					
発展途上国					
	1970	−29,492	−5,351	−12,845	−6,161
	1980	−191,000	−31,122	−84,707	−49,444
	1991	−156,623	−4,768	−62,545	−85,272
発展途上					
南・東南アジア[1]	1970	−5,496	276	−1,646	−3,454
	1980	−12,286	5,118	−2,560	−23,238
	1991	28,171	47,851	16,223	−59,096
発展途上					
ラテンアメリカ					
	1970	−10,988	−8,532	−3,645	−1,042
	1980	−57,056	−24,697	−16,058	−7,809
	1991	−69,001	−30,475	−18,234	−10,723

（注）1）UNCTAD 下記資料による地域分類で，「発展途上アジア」（社会主義を除く）から「西アジア」を抜いた地域．

（資料）UNCTAD, *Handbook of International Trade and Development Statistics 1993*, Table A.13 より作成．

型生産における対東アジア直接投資の拡大を図ったのである。それが、東アジア発展途上国が米国市場でのラテンアメリカをはじめとする競争相手を押し退けて対米貿易黒字を拡大した大きな原因になったとみてよいであろう。**表VI—6**が示すように、一九八〇年代初頭における米国市場と西欧市場でのラテンアメリカの圧倒的地位は、まずはアジアNIESによって、続いて九〇年代に入るとASEANと中国によって蚕食されることになったのである。七〇年代後半の全般的特恵制度（GSP, general system of preference）の導入や、八〇年代半ばの円高の進行による日本の対米輸出貿易への東アジア発展途上国の蚕食もその一つである。

この東アジア経済発展における「日本—アジアNIES—米国」の好循環三角構造

によるアジアNIESの発展が、その後の八〇年代に入ると、「(資本財・中間財供給国としての)日本・アジアNIES―(最終製品生産・輸出国としての)中国・東南アジア―(最終製品市場としての)米国・西欧」の好循環三角構造に向かって展開して来たのが、東アジア工業化伝播過程の世界システム的構造だったのである。その意味で日本も東アジアも、二〇世紀の第三・四半期において、世界経済のグローバル化の波に的確に乗りえたと言ってよいであろう。

しかし、そうした東アジアの経済成長は、同時にその持続にとっての大きな落とし穴を潜在させていたことを指摘しなければならない。

第一に、一九九四年初めの中国の元切下げ(公定レート・一ドル=五・八人民元を外貨調整センターレート・一ドル=八・七人民元に一体化した。これは公定レートの約三三%の切下げに相当するとみられている[10])と一九九五年後半からの日本の円高局面への反転と円安の進行は、アジアNIESを始めとす

表VI―6　欧米の非産油発展途上国からの輸入に占めるアジア，ラテンアメリカの比率

(単位：%)

国・地域	1980年	1985年	1990年	1995年
米国				
アジア	39.5	46.3	59.9	62.2
(アジアNIES[1])	(17.5)	(25.7)	(22.6)	(17.8)
(ASEAN－4)	(10.2)	(9.3)	(10.6)	(14.8)
(中国)	(1.8)	(4.5)	(9.4)	(15.9)
ラテンアメリカ	59.5	52.3	38.6	35.4
EEC・EU[2]				
アジア	25.5	24.4	32.1	42.3
(アジアNIES[1])	(10.2)	(9.1)	(11.6)	(16.4)
(ASEAN－4)	(7.3)	(6.8)	(5.1)	(6.6)
(中国)	(2.7)	(3.2)	(4.1)	(6.3)
ラテンアメリカ	25.8	26.9	11.4	14.2

(注)　1)台湾を除く．　2)地域コードの変更により，1990年以後の数字は，EUの数字であり，1985年以前のEECにオーストリア，フィンランド，スウェーデンが加わっている．

(資料)　IMF, *Direction of Trade Statistics Yearbook 1987, 1997* より作成．

る東アジアの実質実効為替相場を上昇させ、欧米市場での、東南アジアの中国に対する、そしてアジアＮＩＥＳの日本に対する競争力を削ぎ始めた。このことが東アジア成長の好循環三角構造を崩すことになった。

第二に、このことは一九九〇年春のバブル崩壊に端を発する九〇年代の日本の成長の鈍化と中国の追い上げの挟み撃ちに会って、東アジアの「雁行形態的発展」に乱れが生じたことを意味する。それはまた、グローバル化の進展によって「雁行形態的発展」論が想定した一国的発展連鎖の国際的条件が、以前と比較して大きく変化したことの結果でもある。

そもそも経済のグローバル化は国際経済活動の様々な分野でその進展の度合いを異にしており、それが最も先行的に展開してきたのは国際短期資本移動の分野においてである。「雁行形態的発展」の牽引車としての国際直接投資が、比較的長期の時間的ずれをもって移動するのに対して、国際短期資本は経済的基礎条件のほんの僅かな変化を察知して瞬時にして国から国へと移動する。アジア通貨危機に火を点けたのは、オフショア金融市場の設置をはじめとする短期金融市場の自由化によって導入された国際短資が、上述の国際的条件の変化をみてアジアＮＩＥＳと東南アジアから急速に引き上げられ始めたことである。

(2)　東アジア経済成長の内的規定性

渡辺利夫によれば、朴正熙＝全斗煥時代の韓国、蔣介石＝蔣経国時代の台湾、リー・クァンユー時代のシンガポールの、対共産主義危機意識に支えられた開発至上主義（developmentalism）は、ガーシェンクロン・モデルのイデオロギー的要因であった。そしてその下で、国民的統合と、旧守的な特権貴族官僚に代わる新経済・実務官僚の育成が行われ、一九世紀後発国で見られた重化学工業部門の早期建設に当たっての、国家資本・国家財政・金融政策等の領導的役割が発揮された。そしてそれがタイ、インドネシア、マレーシア、中国にも広がっていった東アジア成長圏の共通の特徴となった[11]。

そうした指摘は一面では正鵠を得ている。しかし韓国、インドネシア、タイ等の事例ですでに明らかなように、それは同時に政界と経済界との癒着による国際的競争力向上努力の欠如の原因ともなった。東アジア経済危機の原因として、そこでの特異な体質としてのクローニー・キャピタリズム（縁故資本主義）が挙げられ、アジア経済危機解決のために規制緩和・自由化が必要とされるのは、まさにこの「権威主義的開発体制」のもう一つの否定的側面についてである。そして、グローバル化時代における今回みられたような突然の急速な資本逃避を回避する道の一つは、「権威主義的開発体制」の下では不可能な金融活動や企業活動の透明性と、それを可能にする民主主義と情報公開であることは否定できない。

しかし真の問題は、この東アジア経済危機の原因が、この規制緩和・自由化が遅過ぎたのかどうかにある。それが不徹底であり遅すぎたというのがＩＭＦ、米国等の主張であり、それが経済の発展段階と個々の国の歴史的条件を無視して早過ぎるというのがマハティール首相のマレーシアや江沢民主席の中国等の認識である。そしてこの点については、危機脱出策としての緊急融資条件に、性急な規制緩和・自由化、財政支出削減、金融引き締め等の構造調整を求めたＩＭＦ・世銀に対する批判が強まっており、ＩＭＦ・世銀もそれを認めてきている。ちなみに二〇〇〇年八月三〇日付の『朝日新聞』掲載のワシントン発の記事は、同年五月にカムドシュＩＭＦ前専務理事に代わって就任したケーラー新専務理事（ドイツ出身）が、同地での記者会見の席上、上記の批判に対して「ＩＭＦの政策の非をあっさりと認め」て会場を驚かせたと伝えている(12)。

筆者は、ある国で完全な規制緩和・市場経済化・自由化が即座に実現可能なら、その国はすでに開発国であり、それが段階的に、しかも注意深い順序をたどりながら進められなければならないのが発展途上国や移行経済諸国で、発展途上国の改革・開放はそれぞれの国の歴史的条件に応じて段階的に注意深く進められなければならないと考えている。

ただし、そのことと、「権威主義的開発体制」の弊害である縁故主義、政界・官僚・財界の癒着等の道徳的頽廃（moral hazard）が断固排除されるべきであることとは自ずから別問題である。今回のアジア経済危機が東アジア「権威主義的開発体制」下での金融の不透明性、すなわち、グローバル化した国際市場から取り入れた外貨（特に短期資金）利用の不透明性と不良債権化による金融危機に端を発していることを見逃してはならない。規制緩和・市場経済化・自由化が慎重かつ段階的に進められるべきだとしても、今日の金融のグローバル化のもとでは、政治的民主主義によって保証される資金利用の透明性こそが、急激な危機の発生を回避する決め手となるであろう。

（1）　Ｉ・ウォーラーステイン『近代世界システム〈Ｉ〉』（川北稔訳、岩波書店、一九八一年、原著一九七四年）九ページ。同『脱＝社会科学――一九世紀パラダイムの限界』（本多健吉・高橋章監訳、藤原書店、一九九三年、原著一九九一年）三八五ページ等参照。

(2)『OECDレポート――新興工業国の挑戦』(大和田悳朗訳、東洋経済新報社、一九八〇年、原著一九七九年)。

(3) Gerschenkron, A. *Economic Backwardness in Historical Perspective, a Book of Essays*, Harvard Univ. Press, 1962.

(4) フランスの社会思想家サン - シモン(Saint-Simon 一七六〇―一八二五年)は、国家権力を生産の管理者にすることで生産力を高めようとする「空想的社会主義」とも称される思想を展開した。階級関係よりも生産力を重視した点で「生産力中心のユートピア」思想と言われている。(大阪市立大学経済研究所編『経済学辞典』〔第三版〕岩波書店、一九九二年、「空想的社会主義」〔水田洋稿〕二七五ページ参照)

(5) 代表的な論者は、ドイツの経済学者フリードリッヒ・リスト(Friedrich List 一七八九―一八四六年)であり、イギリスの自由貿易主義、万民主義に対して保護貿易主義、国民主義を主張した。

(6) この見方は渡辺利夫の多くの著作の中にみられるが、コンパクトな論文としては、渡辺利夫「東アジア発展の根因(1)――NIESにおける開発主義」(『論争・東洋経済』創刊号、一九九六年五月、一〇六―一一五ページ)を挙げることができる。赤松要の「雁行形態論」と本文中で述べられている意味での「雁行形態的発展」論の関係については、小島清の優れた紹介と解説がある(小島清「雁行型経済発展論・赤松オリジナル――新興国のキャッチアップ・プロセス」、『世界経済評論』二〇〇〇年三月号、八―二〇ページ)。

(7) 渡辺利夫『アジア新潮流』(中公新書、中央公論社)三四ページ。

(8) 平川均『NIES――世界システムと開発』(同文舘、一九九二年)二六七ページ。

(9) 以下の数字は、UNCTAD, *Handbook of International Trade and Development Statistics 1996/97*, Table 6.2による。

(10)『通商白書』平成一〇年版、四五ページ。

(11) 渡辺利夫、前掲論文(注6)および同「東アジア発展の根因(2)――ASEAN・中国における開発主

義」（『論争・東洋経済』第二号、一九九六年七月）参照。
(12) この点では、ジャグディッシュ・バグワティ「アジア経済危機――その教訓」（青木昌彦・寺西重郎編著『転換期の東アジアと日本企業』東洋経済新報社、二〇〇〇年、第一章）、本山美彦『売られるアジア――国際金融複合体の戦略』（新書館、二〇〇〇年）、また『朝日新聞』二〇〇〇年八月三〇日付「ＩＭＦ『変わらなきゃ』――アジア危機反省」の見出し記事参照。

第Ⅶ章　ポスト冷戦と発展途上世界の開発戦略――市場経済化と国家介入――

はじめに

世界の周辺部諸地域における新興民族国家の出現ならびに、その一部での戦後社会主義国家の成立といわゆる東側世界への合流は、第二次世界大戦終了をもって始まる二〇世紀後半世界で最大の歴史的事件であった。そして後者の政治状況は、いわゆる南側第三世界新興諸国に対しても直接・間接の影響を与え続けてきた。広範な国家介入を伴う社会主義的経済発展戦略がその一つであった。しかしその世紀末にあたり、旧ソ連・東欧社会主義体制は音を立てて崩壊し、中国、ベトナム社会主義も大きく変貌しはじめ、急速な市場経済の導入を図っている。それに応じて北朝鮮、キューバもまたこれまでの国家建設路線の転換をせまられつつある。この動きは、「ポスト冷戦」の時代における発展途上世界の開発戦略の新たな展開と無縁ではない。本章では、こうした状況下でとみに注目されつつある開発戦略における市場経済導入の意味、ならびにその問題点についての検討を試みる。

一　経済開発と国家介入

一九五〇年代においてM・ドッブ（Maurice Dobb）やP・バラン（Paul A. Baran）といった欧米マルクス主義経済学者によって提起された開発戦略は、経済開発における全面的な国家介入を前提にしたソ連・東欧型指令性中央計画経済モデルによる、工業における重工業の優先的開発と、農業における集団化政策であった。一九五〇年代末から七〇年代半ばにかけての大躍進期、文化大革命期において、ソ連型工業開発モデルを拒否し、「農業基礎論」、「人民公社論」、「自力更生論」を提起した中国モデルも、その激しかったソ連批判にもかかわらず、指令性中央計画モデルと、戦時を想定した内陸部における重工業建設の継続（いわゆる三線建設）という点で、基本的には共通の基盤の上に立つものであり、それがまた、東西冷戦構造の中での、西側陣営に対する軍事的対抗力を支える要因にもなっていた。そして、ソ連・東欧の重工業優先開発モデルは、議会制民主主義と、土地私的所有制の維持という異なった条件下でではあったが、その工業開発戦略の面で、東西両陣営の援助競争を背景として策定されたインド第二次五カ年計画（一九五六―六一年）の理論的基礎となったマハラノビス・モデルに適用された[1]。また、中国の文革期自力更生モデルは、ポルポト派支配下のカンボジアにおいて資本主義世界経済からの完全な「離脱（delinking）」、閉鎖的な農村コンミューンの建設という特異な展開をみせたほか、アジア、アフリカ、ラテンアメリカ世界を通じて、「スターリン主義的」ソ連・東欧型開発戦略ならびに多くの新興開発主義国家が進める「ブルジョア近代主義的」親欧米型開発戦略への、急進的反対派の代替的開発戦略と見做された。A・G・フランク（Andre Gunder Frank）やS・アミン（Samir Amin）等の従属派経済学者の多くが、周辺部世界の従属性脱却の道として暗黙に、あるいは明示的に提示していたのは、まさにこの中国モデルであった。

他方、経済開発への何らかの国家介入は、その未来に資本主義的市場経済を展望する発展途上諸国にとっても不可避な選択肢と見做された。それぞれの間でニュアンスの相違があったとはいえ、W・W・ロストウ（Walt W. Rostow）の「離陸」理論、A・ガーシェンクロン（Alexander Gerschenkron）の「グレート・スパート」理論、P・N・ローゼンシュタイン―ローダン（Paul N. Rosenstein-Rodan）の「ビッグ・プッシュ」理論、R・ヌルクセ（Ragnar Nurkse）の「均衡成長論」、A・O・ハーシュマン（Albert O. Hirschman）の「不均衡成長論」等、一九五〇年代における初期開発経済学の成立は、そのような前提に立つものであった。

一九八一年の著作に収録された論文「開発経済学の勃興と崩壊」の中でハーシュマンが回顧するように、開発経済学における国家介入に対する肯定的な見解は、ミクロ的市場経済の力による資源の完全かつ最適な配分と利用に絶対的な信頼をおく正統派経済学の「モノエコノミクス（monoeconomics）」（あらゆる条件下で有効な経済理論は一つのみとする考え方）に対する、ケインズの不完全雇用均衡の経済学の出現と、国家によるマクロ経済政策の必要性についての認識の定着によって力づけられ、発展途上国の農村での低雇用というもう一つの異なった低所得均衡状態という構造的条件に対しては、異なった経済理論ならびに国家的開発戦略が対応するという「プルウラル・エコノミクス（plural-economics）」の主張に基づくものであった。(2)

これら開発経済学は、もちろん全面的中央計画や重工業優先発展方式を肯定したものではない。そうではなく、国家の直接的介入は、民間の採算には合わないが、それ自体民間部門の発展に寄与する社会的間接資本部門に限定され、工業開発の面では資本節約的な軽工業部門の開発から出発する経済開発計画の策定と、その実施にあたっての計画的ではあるが間接的な財政投融資政策や、外資導入政策、貿易政策に向けられるべきだと考えられていた。そしてまた、少数の土地所有者による大土地所有と圧倒的多数の貧しい零細小作農民によって特徴づけられる諸国に支配的な農村社会構造に対しては、私的土地所有制を崩すことなく漸進的に進められる土地改革が構想された。

初期開発経済学者たちの多くによるこうした形での限定された国家介入の容認は、直接的に社会主義的中央計画モデルを意識したものではなく、構造的低所得均衡状態に関する経済学的分析と、それに対する異なった政策策定の必要性を提起することによって正統派経済学の「モノエコノミックス」に対抗しようとするものであった。だが、当時の東西対立状態を直接的に意識した、国家介入をともなった資本主義的開発戦略策定の必要性への認識も、ロストウやガーシェンクロンのような当時の西側世界の代表的な経済発展史研究者たちによってより直截に示されていた。

彼らが国家介入を不可避とみる理由の第一は、一九世紀後発資本主義における国家介入についての歴史的経験であった。「一つの非共産党宣言」という刺激的な副題を付した著書におけるロストウは、「離陸」のための先行条件期について次のように述べる。

「政府は国家を組織し、統一された交易市場を発展させることができなければならない。……さらに政府は——関税から教育・公衆衛生にいたる——国家政策のスペクトルを通じて、経済および経済がその一部をなしている社会の近代化に向かって道を開き先導していかなければならない。なぜならば、さきにも強調したように、離陸のために必要な社会的間接資本の蓄積がなされているかどうかを確かめることは、国家の不可避の責任であるからである。そして同様に、中央政府の精力的な指導のみがよく農業生産性およびその他の自然資源の使用を根本的に変化させうると思われるからである。」(3)

また、先進世界がたどった単線的な「経済成長の諸段階」(伝統的社会―離陸のための先行条件期―離陸期―成熟への前進期―高度大衆消費時代)を新興諸国も次々と歩むものとみなしたロストウとは異なって、一九世紀後発資本主義国のフランス、ドイツ、ロシアの工業化過程における歴史的経験を検討したガーシェンクロンは、後発国の工業発展パターンは必ずしも先発国のそれを踏襲するものではないことを指摘し、かつての帝政ロシア近代化過程にみられた大幅な国家介入や、発展の早期における大規模重工業建設と、それに対する国家による財政的支援を、後発国にとっては一定の合理的根拠をもつものとみなし、初期開発経済学の多くが否定的だった開発初期における大規模で資本集約的な工業の建設を容認する論理を示した。

「一国の後進性の程度が大きければ大きいほど、工業化へのグレート・スパートは、それが起こった場合には一層爆発的になる。その上、後進性の程度が大きければ大きいほど、工場や企業の規模が大きくなってゆく傾向がより強まり、さまざまな強度の独占的結合に向かうことがいっそう容易になる。最後に、一国が後進的であればあるほど、その工業化はいっそう一定の組織化された方向のもとで進むようになりがちである。後進性の程度に応じて、こうした方向での中心は投資銀行に、国家の後援のもとにある投資銀行に、あるいは官僚的統制にみられるようになる。そうみれば、ヨーロッパの工業史は

「最初」の工業化の単なる繰り返しの連続ではなく、その工業化からの累進的な乖離という規則正しいシステムであったようにみえる」というわけである。(4)

だが、その理由の第二は、当時の東西冷戦構造を反映して、ソ連・東欧モデルが発展途上国諸国に与えつつある影響を明確に意識したものであった。

ロストウが「いったん共産主義の支配が社会をしっかりと捉えると――スターリンの示したように――共産主義が社会を離陸から工業の成熟へと推進しうることは確かである」(5)としたうえで、西側先進諸国が果たすべき役割は、その資金的・技術的援助によって「非共産主義世界の低開発地域が、共産主義と呼ばれるかの近代的社会組織の独特かつ頑強な形態に屈服することなしに、先行条件期を通過し離陸期を通過することを確実ならしめるという役割である」(6)と言い、ガーシェンクロンが、「われわれの時代における経済的後進性の存在に固有な恐るべき危険」として、工業的発展の道が「後進性から独裁へ、独裁から戦争へ導くかもしれない。〈二極対立〉という状況の下にあって、この不吉な継起は他の後進諸国がソ連の政策を慎重に模倣することによって、また自発的もしくは非自発的にソ連の軌道に巻き込まれることによって粉飾され、拡大されている」(7)と述べているのがそれを示す。いずれも発展初期段階における後発諸国の国家介入を不可避としながらも、その介入を、私的所有制の堅持を通じる一九世紀後発資本主義型発展の道に誘導することを目指すものであったのである。

こうして一九五〇年代から六〇年代にかけての第三世界諸国が当面したのは、第一に、経済発展にあたっての何らかの国家介入の必要性を前提にしながら、それをどの程度まで容認し、どのように方向づけるかをめぐっての選択、つまり体制的な選択の問題であり、第二には、国家介入の程度と方向に応じて、開発順序における当初の重点をどこに置くかについての具体的開発政策をめぐる選択であった。そしてそれをめぐって、一方では、国営・公営大規模工業建設と農業集団化（ソ連型モデル）か、国家による農村労働力の大量動員にもとづく農業集団化と労働集約的農村工業の建設（中国の人民公社化運動――前述したように実態はかならずしもそうではなかったが、当時はそのように主張された）かの論争が、他方では、民間部門の投資活動に期待しうる労働集約的軽工業の建設か（その際、国家の直接的経済活動は社会的間接資本部門に限定される）、あるいはそれに先立つものとしての土地改革による自作農の創成、もしくは大土地所有者による資本制的農業経営の導入を通じての私的所有に基づく農業近代化かの論争が現れたのである。

二　中央計画モデルの崩壊

東側陣営の存在が新興第三世界に与えた影響は、直接的な経済的影響力の面においては、貿易関係においてであれ、経済開発資金供給能力においてであれ、もともと微々たるものに過ぎなかった。ちなみに、一九六九―八九年の発展途上諸国（OPECを含む）の年間平均輸入額と輸出額は、それぞれ、対「開発市場経済諸国」の二〇四三億ドルと二二八七億ドルに対して、対社会主義諸国（ソ連、東欧、アジア社会主義国）は、わずか二七五億ドルと四四七億ドルであり、それぞれ前者の一三・五％と一九・五％にすぎない。(8)また、一九七〇―七六年の年平均経済開発援助では、西側DAC加盟諸国の政府経済開発援助（ODA）のみでの九九・九億ドル（民間投資を含む全資金の流れでは三〇七・五億ドル）に

対して、コメコン（ソ連・東欧社会主義）は一九・一億ドル（ただし二国間経済援助約束額）に過ぎなかった。(9)

だがそれにもかかわらず、その存在は、開発理念の面ならびに、第三世界が西側先進諸国に対して一定のバーゲニング・パワーを発揮する上でけっして小さなものではなかった。

東欧・アジアの第二次大戦後の新興社会主義諸国に止まらず、少なからざる新興第三世界諸国にとって、社会主義と中央計画は、後れた農業国が急速な工業化と経済成長を実現するのに有効な開発戦略の一つであり、先発社会主義国ソ連の工業化の経験は、その一つのモデルであるとみなされてきた。都留重人による一九六〇年代初頭の次の叙述は、そうした思想状況を端的に反映したものだったと言えよう。「後進国が現に必要としているのは、資本主義初期の段階にみられたような原初蓄積の仕事、すなわち生産性の上昇率よりも賃金の上昇率を低くおさえるという原則の貫徹である。先進資本主義が長年の歴史的過程を通じてみずからのなかにとりいれるようになった労働者階級への譲歩を、後進国が最初からとりいれ、しかも〈資本〉の国際的支配が強化して世界市場への割り込みが困難になっている事情のもとで、資本主義的方式による経済発展を自主的にこころみるということには、非常な困難があるのだ。ロストウのいう〈離陸〉の努力は、ある程度の蓄積強行を必要とするのであり、それを自主的におこなおうとすれば、なおさらのこと、中央計画当局にかなりの権限を与えた開発方式のほうがやりやすい。

後進国が抱えている経済発展の課題にこたえるものとして、資本主義か社会主義かという設問は、もちろんそれぞれの国の歴史的背景と無縁に答えられることではないとしても、体制選択の歴史的結節点に立った国の場合には、意味のある設問であり、答えがややもすれば社会主義の方向に傾きやすいということは避けられないようである。[10]」

社会主義モデルが、一つの有効な開発モデルとみなされた背景の第一は、植民地・従属国時代の経験による資本主義への深い不信であり、第二は、政治的独立にもかかわらず継続する経済的停滞への焦りであった。そしてこの点では、一九五〇年代のソ連・東欧社会主義の経済成長実績には、西側先進資本主義諸国のそれをはるかに凌ぐものがみられた。ちなみに、一九五〇―六〇年の年平均経済成長率は、「開発市場経済諸国」の四・一％に対して九・六％であり、一人当たりでは、後者の二・八％に対して八・六％であった。[11]

この傾向は、旧ソ連・東欧社会主義国の経済成長率の継続的なスローダウンにもかかわらず、一九七〇年代まで続いた。六〇年代の年平均経済成長率は「開発市場経済」の五・一％に対して六・七％（一人当たりでは、四・〇％に対して五・六％）、七〇年代のそれは「開発市場経済」の三・一％に対して五・三％（一人当たりでは二・二％に対して四・四％）だったのである。[12]

また、一九五〇年代中葉以降、旧ソ連・東欧諸国および中国が、その平和的・競争的共存政策の主要な舞台として、ネルーのインド、スカルノのインドネシア、ナセルのエジプトをはじめとする当時の非同盟中立諸国に向けはじめた積極的な政治的・経済的接近は、西側先進諸国の第三世界への対抗的な政治的・経済的な関与を誘発した。また、一九六一年国連総会でのケネディ米大統領提案による「国連開発の一〇年」提案（一〇年間で発展途上国の経済成長率を年平均五％に引き上げるために国連の開発援助機能を強化することへの提案）は、その前年の総会での「植民地独立付与宣言」採択にあたってのフルシチョフ・ソ連首相に代表された社会主義諸国の強力なバックアップに対抗したものであり、一九六二年国連総会でその開催が決定され、それによって南北問題の存在を国際的にクローズアップすることになった国連貿易開発会議（一九六四年第一回ジュネーブ総会で発足）への重要なステップをなすものでもあった。

しかし、経済的パフォーマンスの面での旧ソ連・東欧社会主義の「開発市場経済」に対する後れは、旧ソ連の中央計画がもつ構造的な欠陥を検討した大津定美が、「このシステムは短期間に遅れた農業国を工業化し、ナチスドイツを撃破するまでの力をつけるのを可能にした。しかし、それは膨大な犠牲と多大な無駄をともなうものであったし、平和時の経済としては多くの欠陥をもつものであった。それは非効率と製品の低品質に端的に現れている」と指摘したように[13]、一九八〇年代に入ってから顕在化する。一九八〇―八九年の年平均経済成長率では、開発市場経済の三・二％に対して、三・〇％（一人当たりでは二・五％に対して二・二％）へと逆転し、この一〇年代を通じて、両者の成長率格差は時とともに拡大していった[14]。また、石油価格の高騰によって国際的貿易収支構造が大きく変化した時期を除く一九六九―七四年と一九八四―八九年のそれぞれの期間における年平均での対全発展途上国輸出額（輸入額はマイナスで表示）を「開発市場経済」とソ連・東欧社会主義国について比較すれば、「開発市場経済」が六一二億ドル（マイナス七〇五億ドル）から三〇八七億ドル（マイナス三九二九億ドル）へと二四七五億ドル（マイナス三二二四億ドル）の増加を示したのに対して、ソ連・東欧社会主義国は、五三億ドル（マイナス三八億ドル）から二八八億ドル（マイナス二〇五億ドル）への僅か二三五億ドル（マイナス一六七億ドル）の増加をみたに過ぎない[15]。欧米先進世界へのキャッチアップの基礎を作りだすという意味でのその原初的蓄積過程の段階はともかくとして、七〇年代以降急速に進展しつつある経済のグローバル化と、石油危機を転機とした重厚長大型産業から軽薄短小型産業への産業構造転換を伴う、西側陣営内での米・EC・日本の間での激しい国際的経済競争場裡においては、第三世界に対する商品供給力においても、第三世界生産物の市場ならびに外貨獲得源としても、その経済的影響力の面で決定的な敗北を喫せざる得なかったのである。

一九八五年に登場したゴルバチョフ・ソ連共産党書記長のいわゆる「ペレストロイカ（改革）」、「グラースノスチ（情報公開）」、「新思考」外交は、政治的には共産党一党支配体制と、経済的には指令性中央計画モデルを放棄し、社会主義体制の枠内での新たな政治システムにもとづく国家的調整と新たな市場経済システムとの両立を図ろうとする試みであった。しかしその試みは一九九一年八月の「保守派クーデター」の失敗を契機に挫折し、東欧諸国も相次いで社会主義体制を放棄するにいたり、旧東ドイツは西ドイツに吸収されてしまった。そして現在、旧ソ連・東欧は新しい政治システムと市場経済導入に向けての困難をきわめた移行過程の只中にある。

他方アジアの社会主義中国は、一九八〇年代に入って、以前の自力更生論、農業基礎論をなし崩し的に放棄し、人民公社の解体（一九八五年六月に解体終了）、経済特区の開設と外資導入、市場経済の導入を通じての「社会主義市場経済の道」（一九九二年一〇月、第一四回中国共産党大会決定）に向けての、改革・開放の道を模索しつつある。ソ連・東欧社会主義の崩壊とは異なって、この国では、一九八九年六月の天安門事件での中国共産党指導部の対応に示されたように、共産党一党支配体制は維持されてはいるが、ここでもまた、新たな国家的調整と市場経済の間の関係、すなわち「社会主義市場経済」の具体的内容は模索中である。こうして、第三世界にとっての、旧ソ連モデルであれ旧中国モデルであれ、持続的な成長を保証するモデルとしての社会主義的中央計画モデルへの魅力は、一九八〇年代入ってからはほぼ完全に消滅し、それと共に、第三世界に対する開発理念における影響力も消失したとみてよいであろう。

三　開発経済学動揺の背景

旧ソ連・東欧社会主義の崩壊が明らかにしたものは、政治面での一党支配体制下での、経済運営面における中央官僚機構の肥大化と、弾力性を喪失した経済の実態であった。これによって。国家統制と中央計画の有効性を過度に強調する開発戦略が致命的な打撃をうけたことは明らかである。だがそれだけではなく。第三世界諸国の開発過程における何がしかの程度の国家介入もまた、同様に非効率かつ不公正であるとして非難され始めてきた。

初期開発経済学による輸入代替工業化戦略とそのための国家介入の擁護に対する、「モノエコノミクス」あるいは正統派経済学とネオ・マルクス主義との、いずれも「原理主義的（fundamentalist）」主張の「奇妙な同盟」による挟撃が初期開発経済学を動揺させた背景として、ハーシュマンが指摘しているいくつかの点について検討し、何が問題だったかを示そう[16]。

(1)　ネオ・マルクス主義による、とりわけ多国籍企業主導の工業化に伴う従属の深化と国内的両極分解化への批判が、国家介入のもとでの工業化の擁護者であった開発経済学者の一部をその批判者に転じさせたこと。

実際一九六〇年代にラテンアメリカで出現した新従属理論は、この地域における開発経済学の主流を形成したＥＣＬＡ（国連ラテンアメリカ経済委員会）派の輸入代替工業化戦略を、この世界の資本主義世界経済への再統合化過程で進められる工業化戦略であり、国際的・国内的不平等の激化をもたらしたにすぎず、そこでの開発主義的国家ならびに官僚層や開発経済学者たちは、多国籍企業の利益に奉仕する一方で、国内の低所得者層の利益を無視し続けているという批判を展開した。[17] またこの開発主義的戦略批判の返す刀で、この地域における農村社会構造を半封建的関係と規定し、国内民族資本家と労働者階級の反帝国主義・反封建制統一戦線を基軸にその解体と小作農民の独立小商品生産者化（農地改革）を主要戦略課題に設定した正統派マルクス主義の主張を、単線的発展志向の近代化論と論難し、地域内低所得者層、極貧層、マイノリティ諸集団に依拠したラジカルな社会変革の必要性を強調した。

この主張は、社会変革のモデルとして、前述の中国自力更生モデルに親近感をもつものであったが、しばしば武装闘争をともなったその開発戦略達成のための戦術を非現実的とみる一部の初期開発経済学者は、輸入代替工業化戦略の提唱を放棄し、ＢＨＮ（人間の基本的ニーズ、Basic Human Needs）アプローチ、すなわち、栄養問題、公衆衛生問題、住宅問題、教育問題等々の個別的専門分野に細分化されたルートを通じての貧困撲滅戦略へと関心の方向を転換させ、それが、個別国家政策の枠を飛び越えて、一九七〇年代のマクナマラ総裁下での世界銀行の基本的戦略として採用されさえした。[18] 一九五〇年代開発戦略の帰結が、新従属理論が指摘するような膨大な貧困層の創出と、その層の生活水準の絶対的低下であったことを否定しえなかった上に、個々の第三世界国家は、それに有効に対処しうる方策も能力も持ちえなかったからである。

(2)　工業化の初期段階においては、インフレのコストと国際収支圧力にもかかわらず有益であった開発戦略が後の年代に入ると収穫逓減的になり、インフレと国際収支問題を償うほどに工業化が進展しなくなったこと。

表Ⅶ—1で見られるように、各一〇年代ごとに製造工業生産増加率は低下し、消費者物価上昇率は、特にラテンアメリカで年平均一〇〇%近くにまで高まっている。また経常収支は、産油国の石油輸出収入増大をその主内容とする一九八〇年の全発展途上国についての黒字を除けば赤字幅が増大している。きわめて低い水準から出発する製造工業生産の増加率が初期の高い値から時とともに逓減することは自然である。しかし、ハーシュマンが念頭においているラテンアメリカの状況について見た場合に、彼の指摘がけっして見当違いなものでないことが分かるであろう。一九六〇年代には全発展途上国を上回っていたラテンアメリカの工業生産増加率は、一九八〇年代にはそれをはるかに下回っているのである。

(3)　いくつかの国での工業化への過度の強調による失敗が、それに向けての全ての努力を断罪することになったこと。

少なからぬ発展途上国で、工業化への努力が、政治指導者や高級官僚層の威信の誇示につながる重化学工業や、高所得者層の顕示的消費財の輸入代替等に振り向けられ、技術者、熟練労働者、中間生産財、部品の不足のために新設工場の立ち枯れ状態が生じたり、中間財、部品輸入需要の増大によって貿易収支赤字が拡大したりした。工業建設が先進世界からの援助によって行われる場合には、しばしば援助供与側と受入れ側での「見栄えのよい援助」への選好が加わって、そうした事態や債務累積状態が生じ易い。ガーシェンクロンが指摘するように、後発諸国（late-commers）にとっては大規模工業の開発が一

表Ⅶ—1　発展途上国の経済実績

(A)　製造工業生産増加率（%）	1960〜69年	1970〜79年	1980〜89年
全発展途上国	96.0	71.4	61.0
ラテンアメリカ	100.0	62.7	29.0
(B)　消費者物価年平均上昇率(%)		1970/71〜79/80年	1981/82〜88/89年
全発展途上国		37.1	51.8
ラテンアメリカ		45.7	97.1
(C)　経常収支（100万ドル）	1970年	1980年	1989年
全発展途上国	−10,718	18,813	−14,094
ラテンアメリカ	− 4,498	−34,168	−13,482

（資料）UNCTAD, *Handbook of International Trade and Development Statistics 1976*, Table 6.7, *1986*, Table 2.9, 5.1, *1990*, Table 2.9, 5.1 より作成.

定の合理的根拠を持ち、先発国の最新技術の導入も容易であるという後発性の利益が存在する。しかし、この利益の享受にあたっては、それを享受するに足る国内的条件がなければならない。そしてそれがない場合には、逆に後発性の不利益が生ずるのであり、先進諸国との工業的・技術的ギャップが大きい後進後発国（late-late-commers）の場合には、この不利益が新設工場の立ち枯れ、経常収支赤字の増大、対外債務累積、インフレの高進といった形で顕在化し易いのである。

(4)　世界貿易の急速な拡大のゆえに、輸出向け工業化が魅力的になり、台湾、韓国のような国の政策の成功の可能性が出てきたこと。

表Ⅶ—2で見られるように、一九六〇年代においては、ラテンアメリカ（LAIA）に比較して全体としてのアジア（南・東南アジア）は、輸出成長率は高いものの、GDP成長率はむしろ低い。そして七〇年代では、ラテンアメリカが急速に輸出成長率を高めたことによって、ラテンアメリカとアジアの間に六〇年代ほどのGDP・輸出成長率の大きな格差は見られなくなっている。一九八一年のハーシュマン論文が、「発展途上諸

表Ⅶ―2　実質ＧＤＰ・輸出年平均成長率の主要地域別・国別比較

（単位：％）

地域・国	1960－70		1970－80年		1980－89年	
	GDP	（輸出）	GDP	（輸出）	GDP	（輸出）
LAIA[1)]	5.5	(5.1)	5.9	(20.6)	1.6	(1.2)
うちブラジル	5.3	(7.2)	8.2	(21.7)	3.1	(5.2)
メキシコ	7.3	(6.0)	6.4	(25.7)	0.7	(1.6)
南・東南アジア	5.1	(6.7)	6.0	(25.8)	6.1	(10.2)
うち韓国	8.9	(39.6)	9.1	(37.2)	9.7	(15.5)
台湾	9.9	(23.2)	9.4	(28.6)	8.2	(15.3)
香港	13.7	(14.5)	9.2	(22.4)	7.3	(16.3)
シンガポール	9.4	(3.3)	8.5	(28.2)	6.4	(8.6)

（注）1）Latin American Integration Association：アルゼンチン，ブラジル，チリ，メキシコ，パラグアイ，ウルグアイ．

（資料）UNCTAD, *op. cit*.（表Ⅶ－１）, 1990, Table 1.5 and 1.6, Table 6.2.

国からの工業製品輸出を強調する一連の新政策が魅力的になった。当時の世界貿易の急速な拡大と、台湾および韓国のような国で示された、そうした政策の成功の可能性のゆえにである[19]」と、輸出指向工業化戦略が脚光をあびる可能性のみを述べているのはそのためであろう。むしろこの時期には、一九七九年の『ＯＥＣＤレポート』が示したように、ラテンアメリカのブラジル、メキシコは、**表Ⅶ―2**でのアジア四ヵ国と並んで、新興工業国（ＮＩＣｓ）[20]としてのその工業的成長力が注目されていたのである。

だが、ラテンアメリカとアジアの間の、とりわけラテンアメリカのブラジル、メキシコと東アジアの韓国、台湾の間の格差が歴然として来たのは、一九八〇年代に入ってからのことであった。この時期に入って、ブラジル、メキシコが対外債務返済不能状態に陥り、七〇年代までの開発戦略の大幅な見直しを迫られるに至ったのに対して、韓国と台湾は、相対的に高い輸出成長率を維持しながら急速なＧＤＰ成長を続けたのである。

四　市場経済の勝利か？

一九七〇年代に西側先進世界で進行したスタグフレーションは、国家財政支出と低金利政策に支えられたケインズ主義的経済政策の有効性に対する不信をこの世界で生み出した。そして一九八〇年に登場したレーガン米大統領が打ち出した、ケインズ主義的国家介入の廃止と民間市場経済の活力を復活させようとするいわゆる「レーガノミクス」（政府支出の削減、民間法人税率の引き下げ、政府規制緩和、高金利政策等）は、正統派経済学（新古典派経済学）の復権を加速する絶好のチャンスであった。すでに第二節で指摘した東側社会主義世界における経済的パーフォーマンスの悪化と、部分的市場経済化を志向する経済改革や対外開放政策導入の動き、第三世界とりわけラテンアメリカでの経済不振とインフレの高進、対外債務危機の発生（一九八二年のメキシコ、一九八五年のブラジルの対外債務返済停止措置等）は、小さな政府、民間企業活力の喚起、市場経済の有効性の主張に向けての南北両世界を通じての世界的な大合唱を生み出すことになった。

同様な思想は、ＩＭＦや一九八一年にマクナマラに代わったクローセン総裁下の世界銀行といった国際経済機関でも導入され、発展途上諸国は大きくその影響を受けることになった。輸入代替工業化戦略と、そのための国家介入のラテンアメリカでの旗手と見做されてきたメキシコとブラジルは、累積債務危機を契機にして、ＩＭＦ・世界銀行が進めようとする構造調整政策（緊縮財政、税制改革による財政赤字の削減、政府統制の緩和と国営・公営企業の民営化、インフレ抑制と為替相場切下げ、それによる輸出促進〉を受け入れることによって、救済融資の導入、債務返済繰り延べ・債務削減を実現しようとした。また、アジアにおいて「〈社会主義型社会〉の輸入代替重工業化政策の下で展開してきた重工業化蓄積体制」として特徴づけられる開発戦略を維持してきたインドも、一九八〇年代に入ってから、輸出促進、ハイテク産業の導入をめざして、産業認可条件の緩和政策や輸入自由化政策等の経済自由化政策を進めつつある。(21) そしてこれらの動きは、「国家介入の失敗と市場経済の勝利」の宣言を第三世界経済開発戦略の分野にまで押し広げようとする新しい思潮を生み出すに至った。

だが、この宣言の有効性は実証的かつ理論的に証明されているであろうか。

一九八一―八五年と一九八六―八九年の年平均実質GDP成長率（ただし各年の単純算術平均）を比較すれば、ブラジルでは三・七％から二・四％に低下し、メキシコではマイナス〇・五％から二・〇％へと僅かながら上昇したが、一人当たりではマイナス成長が継続し（一九八六―八九年平均でマイナス〇・二％、ブラジルは〇・三％）、消費者物価上昇率では、メキシコは一九八六年に、ブラジルは一九八八年に、それぞれ一三一・八％と一、二八六・九％という七〇年代以降最高の数値を記録しており、(22) 現在までのところ構造調整政策導入の効果は未知数のままである。

今では「失速したラテンアメリカNICｓ」と対比して、「新古典派開発理論の復興の中で、しばしば『韓国モデル』は新古典派経済学の処方せんに忠実な政策体系に他ならず、比較優位説と市場メカニズムの有効性を実証したモデルである」(23) として賞揚されているアジアNIESモデルについても、絵所秀紀がその詳細な開発理論史的研究によって明らかにしているように、逆に八〇年代に入ってから、「国家介入の有無ではなく、国家介入の質――その強さ、体系性、方向性」や、「開発の政治経済学」の重要性を示すモデルとして見直されはじめている。[24]

実際、韓国、台湾を国家の不介入、市場経済重視、輸出指向開発戦略のモデルとして解釈することと、その実態の間には大きな認識上のズレがある。韓国について絵所秀紀が「強力な国家介入（政治的安定性）によって労働者の人権と労働運動を圧迫し、そのことによってのみ〈自由な労働市場〉を創出し、その結果として労働集約的製造業品をテコに高度成長を達成し、貧困問題を解決することのできたモデル」[25]と特徴づけているように、韓国では一九六一年から七九年の一八年間にわたる朴正熙大統領の軍事独裁政権が、台湾では一九四九年から八七年の三八年間にわたる戒厳令下（出版、集会、デモ行進の規制、政治的反対派に対する逮捕と軍事裁判等）での国民党一党支配が続き、その下で、反共イデオローを通じての国民的動員、低賃金の維持が図られた。筆者は、この両国の「成功」は、前もって意図的に構想された開発戦略にではなく、アジア冷戦構造の中におけるその地政学的位置と、それに巧みに適応することを可能にした強力な国家介入に依存したことによるものであったとみている。

東アジアにおける東西冷戦体制の最前線にあって、社会主義中国、北朝鮮と直接的に相対峙したこの両国のその後の成長は、国家建設の早期において実施された、他の新興発展途上国に比較すればより徹底した土地改革を出発点としている。それは、「反封建的地主制度からの農民の解放」を誇る中国、北朝鮮の政治攻勢による韓国、台湾農民の動揺を抑えるべく、それぞれ米軍政ならびに、中国本土より移動してきた国民党政府の主導の下で実施され、土地改革に続いて農業集団化に向かった中国、北朝鮮とは異なって、そこでの土地私的所有制の堅持は、農村社会の安定と、国民経済の資本主義的発展の道への基礎を築くものであった。旧支配下の中国本土においては、半封建的地主階級の擁護者として共産主義勢力から非難された中国国民党政府が、台湾支配にあたっては、土地改革の熱心な擁護者であったことは、そうした冷戦構造ならびに、移動した台湾地域での住民の支持を取りつける必要があったという事情と切り離して語ることはできない。また、この冷戦構造の中で韓国、台湾に与えられた米国の膨大な軍事的・経済的援助が、そこでの道路交通網、運輸・通信網の形成、各種教育施設の設置等、社会的間接資本の形成に大きな役割を果たすことになったことも見落とすべきではない。

これらが、他の新興発展途上諸国には例の少ない、土地改革をはじめとする発展の良好な初発条件をつくりだし、そうした基礎の上に、その原料的基盤を、これまた綿花、小麦、砂糖の米国からの初期経済援助に仰いだいわゆる「三白産業」(繊維産業、精糖産業、製粉産業)が、民族資本による初期輸入代替工業化のスタートを担うことになった。しかしそうした発展の基礎条件の形成は同時に、その経済開発の方向が、西側世界とりわけ米国との密接な政治的・経済的結合関係から離れることができないものとして宿命づけられたことを意味する。そしてこの経済的結合の中に、一九六〇年代初頭に戦後の経済的混乱から立ち直った日本が参加したことによって、この韓国と台湾は、米国、日本を三角形の二つの頂点とするアジア太平洋地域の国際的経済構造の中にがっちりと組み込まれることになった。すなわち、一九六〇年代中葉の米国の経済援助打ち切りを六五年以降肩代わりしはじめた日本からの資本財・中間財供給は、韓国・台湾両国の訓練され、統制された低賃金労働力と結びつき、そこで生産された労働集約的工業製品は「友好国」米国に向かい、そうした歴史的経過の下で、日本—韓国・台湾—米国の間の三角貿易構造が形成された。通常韓国、台湾の輸出指向工業化戦略として特徴づけられるものは、この三角貿易構造の中での対日本輸入代替(最初は労働集約的製品の、続いて耐久消費財製品の、さらには鉄鋼、化学工業等素材産業、造船、自動車、電子・電気機器産業の）と、それに必要な資本財・中間財輸入を賄うための、それら製品の対米・対西欧輸出ドライブが、同時並行的に進められたことの一側面にすぎない。

そしてこの三角構造の中でこの二国に必要とされたことは、輸入代替工業化戦略か、輸出指向工業化戦略かについての明確な選択よりも、対米・対日経済関係の変化に敏感に即応しながら、すなわち開発政策を国際経済の動きに連動させながら、どのように経済発展を図って行くかという極めて現実的な経済政策の策定であった。そしてその変化に対する微妙な適応は、その時々の国際的市場条件への民間企業の自由な対応によってではなく、強力な国家主導の下で進められた。資本財・中間財輸入に対する対日貿易赤字の拡大には、国営・公営による基幹産業の輸入代替（台湾の場合）、政府系銀行を通じる財閥系基幹産業への重点的・選別的融資による輸入代替（韓国の場合）が、対米貿易の拡大のためには手厚い補助金供与等を低為替政策、低賃金維持政策と組み合わせることによる輸出促進策が図られたのである。その意味では、韓国、台湾をそのモデルとみる「国家介入の失敗と市場経済の勝利」の主張は短絡的であり、これらの国の「成功」が明らかにした発展途上国にとっての教訓はむしろ、発展の初期条件の整備、とりわけ土地改革を通じての農村社会の安定化および、個々の国が置かれた歴史的・地政学的・国際的条件に応じて、市場経済の動きが生み出すものに対する国家的調整を如何に進めるかであろう。

五　市場経済と国家介入

「市場経済の動きが生み出すものに対する国家的調整」、「国家介入の質」、あるいは「開発の政治経済学」と言う時に、国家介入といわれるもののもつ基本的な役割は、市場経済の運動論理をどうとらえるかによって大きく異なってくる。この問題について、正統派経済学ないし新古典派経済学とネオ・マルクス主義理論はまさに対極的理解に立っている。前者が市場経済の運動原理に対する絶対的信頼に立っているのに対して、後者はそれに対する絶対的不信に根ざす理論だからである。

正統派経済学にとって、市場諸力の自由な作用は、国内的・国際的に与えられた資源を代替的な用途の間に最適かつ最も効率的に配分し、それによって得られる利潤は、既存の資源に対する追加的な資源を造りだし、それがまた自由な市場を通じて効率的に配分されるように機能する。この評価に立てば、市場経済に対する国家的介入は最小限に留められるべきであり、小さな政府、中立的貨幣・金融政策、自由貿易主義こそが最も望ましいということになる。その際国家に期待されるものは、私的所有制擁護のための「夜警国家」機能のほかに、市場諸力の自由な作用を妨げる様々な形での独占の抑制、ミクロ的企業活動を順調に機能させるための各種インフラの整備および、それによって生み出される外部不経済——それはしばしば「市場の失敗」という言葉で表現される——の処理である。

それに対して、ネオ・マルクス主義にとって市場の諸力が生み出すものは、国内的にも国際的にも、「富める者はますます富み、貧しき者はますます貧しくなる」という聖書の言葉に象徴され、A・G・

フランクをはじめとするネオ・マルクス主義理論家達がそれを最も単純化された形で前面に押し出した、市場経済の下での国際中枢（metropolis）と国際的衛星（satellite）との間、国内的中枢と国内的衛星との間での不平等の拡大である[26]。純論理的にみて、この市場経済認識から導きだされる国家介入が占める位置は、一方で国内的には、完全な市場経済の廃絶と中央計画化あるいは非市場経済的なコンミューン主義への回帰であり、他方で対外的には、世界市場経済からの離脱であった。国内的対応における前者が旧ソ連・東欧型モデルであり、後者が旧中国型モデルであった[27]。

こうしてこの二つの理論にあっては、原理的には、市場経済と国家介入の両立はありえない。一方の極には完全な市場経済モデルがあり、他方の極には完全な中央計画モデルないし市場経済排除モデルがある。

すでに示してきたように、旧社会主義型モデルが崩壊し、市場経済化が旧ソ連・東欧を含めて流行語とすらなっている現在、「市場経済の動きが生み出すもの」が何であるかを確認することこそ、それに対する「国家的調整」の所在を明らかにするのに不可欠であるにもかかわらず、市場経済の急速な導入を目指す現在の旧ソ連・東欧諸国、中国、そして多くの発展途上諸国についてそれを原理的に明らかにする作業がみられず、そのために、いたずらに混乱のみが生ずる可能性が強い。

その点でまず指摘されなければならないことは、正統派経済学の「原理主義的」主張は、すでに私的企業が十分に発達した先進資本主義諸国ではなにがしかの有効性は持ちえても、市場機会に敏感に反応する私的企業群をもたない発展途上世界については非現実的であり、その主張が妥当するとすれば、もはやそれは途上国ではないという点である。その意味では、初期開発経済学の「プルウラル・エコノミクス」の主張は、発展初期段階での開発戦略の策定にあたって有効であろう。ただそこで問題だったことは、それらが、発展初期段階での国家介入の容認につづいて、直ちにあれやこれやの重点的開発政策の提案に議論を集中させたことであった。一部の開発論者は暗黙に正統派であり、彼らにとって国家介入は一時的必要悪であった。そして他の一部の開発論者は暗黙にケインジアンであり、低所得均衡、貧困の悪循環からの脱出の道は、非社会主義的道での恒常的な国家介入によってのみ確保されるものであった。そしてそれぞれの市場経済観は、開発政策についてのあれやこれやの提案の陰に隠されてしまっていた。

この点で明示的に、市場の自由な諸力は、原理的には国家間、地域間、階層間の不平等を拡大する「循環的・累積的因果関係」をもつとしたG・ミュルダール（Gunnar Myrdal）の主張は[28]、初期開発経済学の中では異例に属するものであった。そしてこの市場経済観には、先に示したネオ・マルクス主義の市場経済認識と共通したものがみられることは明らかであろう。だが、両者の相違は、ネオ・マルクス主義がそうした市場経済の全面的否定に向かったのに対してミュルダールは、市場経済の中に含まれる「逆流効果（backwash effect）」を、「波及効果（spread effect）」に変えることが可能であるとして、そのための広範な国家介入を、具体的には、国内的・国際的福祉国家政策を重視したことである。このミュルダールの認識に共通した市場経済観を示した論者にハーシュマンがいる。彼は、ミュルダールの「波及効果」を「トリクリング・ダウン効果（trikling down effect）」と呼び、「逆流効果」を「両極化効果（polarization effect）」と呼びながら、「いずれにせよミルダールと私は、いずれも両極化効果を、国家政策によって抑制され、中立化されうる力だとみた。そして私は、そうした政策を（ミュルダールがそうだったと思うのだが）神の業（*deus ex machina*）として祈願する代わりに、そうした政策が、両極化の経験から、それへの反作用として生まれることが可能であることを示そうと試みた」と述べている。[29]

ミュルダールが、西側先進世界における市場経済が、累進課税政策や、社会福祉政策といった福祉国家政策によってその「逆流効果」を抑制され、「波及効果」を強めているとみて、発展途上国もまた福祉国家政策とそれを可能にする民主主義的政府の成立によっておなじ効果をもたしうるとするのには現実的にみて飛躍がある。国際的な「逆流効果」の作用のもとにある発展途上国政府には、福祉政策を実行するだけの財政的余裕はなく、その乏しい財政的資金は直接的生産活動に振り向けられねばならないであろう。ハーシュマンがそれを「神の業」への祈願に過ぎないと指摘するのにはそれだけの根拠がある。

ハーシュマンは、市場とそれを通じる「成長は、不均衡と不平等をつくりだす」という明確な市場経済認識から出発する。彼によれば、民族資本、外国資本、国家資本、あるいはその同盟が担う「企業家的機能（entrepreneurial function）」は原理的に不均衡と不平等を生み出すが、それは経済の成長過程においては不可避である。そうした認識の上で彼は、この不均衡と不平等の拡大に対抗するのが、その犠牲を強いられている利害集団による「均衡化的（equilibrating）」、「分配的（distributive）」、「改革（reform）」機能であり、「これら二つの機能が、如何にうまく実行され、調和させられるかが、成長過程の経済的、政治的的結果に対して決定的である」とみるのである。[30] そしてこの議論に筆者が注目するのは、そこには、市場経済はそれ自らが調和と均衡をもたらすとみる正統派経済学とは逆の、ネオ・マルクス主義と共通した認識がありながら、その反面で、市場経済を不平等をもたらすゼロ‐サム・ゲームとしてのみみようとするネオ・マルクス主義とは異なって、その「企業家機能」に含まれる経済発展誘発機能の動態的側面が、理論構成の中に組み込まれている点についてである。

彼によれば、「企業家機能」への「改革機能」の介入のタイミングもまた微妙である。早すぎる介入は、「企業家機能」を麻痺させ、「金の卵を生む鵞鳥を殺す」ことになる。また遅すぎる介入は、犠牲者集団の暴力的爆発を生み出すことになり、それを抑圧しようとする権威主義体制との間に果てしない抗争と対立の政治的混乱が続くことになる。(31) ラテンアメリカ世界の多くの部分で支配的な状況を、経済開発と「近代化」の進展に伴う所得分配の不平等の拡大、内戦から残忍な権威主義政権の出現にいたる「開発災害」の出現にみるハーシュマンは、(32) 経済的成長にのみに関心を向ける開発経済学ではなく、そこでの政治過程をも視野に入れた「開発の政治経済学」こそが必要とされるという認識に到達している。そして、そうした混乱を避けることを保証する政治システムの一例としてコロンビアの例をあげて、「危機的な一九三〇年代、あるいは今日の〔ラテンアメリカでの——引用者〕権威主義的政権の波の中での〔この国での——引用者〕複数政党形態の弾力性には、注目すべきものがあり、それは二つのグループに分かれることによって両方の機能の或る最小限の実行を保証したエリートの能力と何がしかの関係があるかもしれない。この二つのグループはしばしば緊張関係に入ったが、その間のコミニュケーションは、決して断ち切られることはなかった」と、複数政党制の必要性を示唆しているのは興味深い。(33)

言うまでもなくその二つのグループとは、「企業家機能」を担うグループと、「改革機能」を担うグループであり、必要とされているのは相互間の恒常的チェック機構である。ハーシュマンのこの二つの機能の政治システムへのビルトインは、ある程度までは状況変化に弾力的に対応しうる教育された有能な官僚組織によっても代行しうる。軍部開発独裁下の韓国や国民党一党支配と戒厳令下の台湾、あるいは一九七〇年代以前の旧ソ連・東欧社会主義の場合がそうであった。しかし、それはあくまでも与えられた政治システムの枠内における限られた範囲での弾力性であって、一定の発展段階では、複数政党制を含む政治的民主化の導入に至らざるをえないことは、長期にわたって経済成長の陰での犠牲者集団を放置してきた韓国での「民主化宣言」の発表（一九八七年）、文民政権の出現（一九九二年）や、台湾での野党勢力の容認（一九八六年）、戒厳令解除（一九八七年）や、旧ソ連・東欧社会主義体制の崩壊が示すところであろう。また、依然として一党支配体制を維持しながら、急激な市場経済の導入を図りつつある中国にとっても必要とされるのも、市場経済が発展とともに不均衡、不平等を生み出すことの認識に立って、大規模な「開発災害」が生み出される以前に、大きな混乱を回避するのに必要な政治システムを構築することであろう。過去の何回かの開発戦略上の大転換によってこの国で生み出された大きな犠牲と、現在われわれが眼にしている移行経済過程にある旧ソ連・東欧における混乱がそれを教えている。

（1）このモデルの特徴ならびに性格については、本多健吉『低開発経済論の構造』（新評論、一九七〇年）第六章を参照。

（2）Hirschman, A.O., *Essays in Trespassing ; Economics to Politics and Beyond*, 1981.

(3) W・W・ロストウ『経済成長の諸段階』（木村健康・久保まち子・村上泰亮訳、ダイヤモンド社、一九六一年、原著一九六〇年）四二ページ。

(4) Gerschenkron, A., *Economic Backwardness in Historical Perspective*, 1962, p. 44.

(5) W・W・ロストウ、前掲書（注3）、一七九ページ。

(6) 同右書、一八五ページ。

(7) Gerschenkron, A., *op. cit.*（注4）, p. 29.

(8) UNCTAD, *Handbook of International Trade and Development Statistics 1990*, Table 3. 1より算出。

(9) 宮崎犀一・奥村茂次・森田桐郎編『近代国際経済要覧』（東京大学出版会、一九八一年）一八九―九ページ、表V―17―b、18より算出。

(10) 都留重人「競争的共存の課題とは何か」（『岩波講座・現代13』、岩波書店、一九六四年、一六―七ページ）。

(11) UNCTAD, *op. cit.*（注8）, 1976, Table 6. 2.

(12) *Ibid.*, 1990, Table 6. 2.

(13) 大津定美「ソ連――世界経済のなかの『ペレストロイカ』」（柳田侃編著『世界経済――グローバル化と自立』ミネルヴァ書房、一九八九年、九七ページ）。

(14) UNCTAD, *op. cit.*（注8）, 1990, Table 6. 2.

(15) *Ibid.*, Table 3. 1 Aより算出。

(16) Hirschman, A.O., *op. cit.*（注2）, pp. 18–9.

(17) これについては、本多健吉『〔改訂増補版〕資本主義と南北問題』（新評論、一九九二年）第五章一を参照。

(18) これについては植松忠博『地球共同体の経済政策』（成文堂、一九八五年）第三章を参照。

(19) Hirschman, A.O., *op. cit.*（注2）, p. 19.

(20) 『OECDレポート――新興工業国の挑戦』(大和田悳朗訳、東洋経済新報社、一九八〇年、原著一九七九年)。
(21) 西口章雄「インド――輸入代替重工業化政策の背景と展望」(柳田侃編著『世界経済――グローバル化と自立』ミネルヴァ書房、一九八九年、第六章所収)参照。
(22) UNCTAD, *op. cit.*(注8), *1986, 1990*, Table 2. 9, 6. 2.
(23) 絵所秀紀『開発経済学――形成と展開』(法政大学出版局、一九九一年)五三ページ。
(24) 同右書、五三―六ページ。
(25) 同右書、一五四ページ。
(26) これについてはさしあたり本多健吉『〔改訂増補版〕資本主義と南北問題』(新評論、一九九二年)一四八―五四ページ参照。
(27) 同右書、一五八―九ページにおいて筆者は、従属からの脱却の道として、初期のA・G・フランクが旧ソ連型社会主義モデルをあげ、S・アミンが世界経済からの「離脱」を主張する時、アミンの場合には旧中国型社会主義モデルが示唆されていたことを指摘しておいた。また、旧ソ連社会主義に対して批判的であり、旧中国社会主義に肯定的であったI・ウォーラーステインが、最近の著作において、「平等と自由とは競合しない。それらは密接に結合している。これらの目的を切り離したままでの試みがなされる場合には――文化大革命において生じたように――いずれの目標もまた達成できないものとなる」と述べているのは興味深い。Wallerstein, I., *Unthinking Social Science : Limit of Nineteenth-Centuries Paradigms*, 1991, p. 123.(I・ウォーラーステイン『脱=社会科学――一九世紀パラダイムの限界』(本多健吉・高橋章監訳、藤原書店、一九九三年、一七六―七七ページ)
(28) G・ミュルダール『経済理論と低開発地域』(小原敬士訳、東洋経済新報社、一九五九年、原著一九五七年)。
(29) Hirschman, A.O., *op. cit.*(注2), p. 17.

（30）*Ibid.*, pp. 124–5.
（31）*Ibid.*, p. 131.
（32）*Ibid.*, pp. 20–21.
（33）*Ibid.*, pp. 131–2.

本書各章の初出図書・雑誌一覧

第Ⅰ章　世界システムの歴史的構造について（本多健吉・新保博彦編『世界システムの現代的構造』日本評論社、一九九四年、所収）

第Ⅱ章　近代世界経済の形成（『経済学雑誌』第九四巻別冊、一九九四年五月、所収）

第Ⅳ章　南北問題と国際紛争（『戦争と平和』第五巻、大阪国際平和研究所、一九九六年三月、所収）

第Ⅴ章　冷戦後東アジアの政治と経済（『戦争と平和』第一巻、大阪国際平和研究所、一九九五年三月、所収）

第Ⅶ章　ポスト冷戦と発展途上国の開発戦略――市場経済化と国家介入――（『甲南経済学論集』第三三巻・第四号、一九九二年五月、所収）

ま行

や行

ら行

な行

は行

た行

さ行

事項索引

あ行

か行

著者紹介

本多　健吉（ほんだ・けんきち）

1934年　鳥取県に生まれる。
1956年　国立神戸大学経済学部卒業。
1961年　大阪市立大学大学院経済学研究科博士課程単位取得退学。
1961年　大阪市立大学経済研究所助手。同講師、助教授を経て
1970年　大阪市立大学経済学部助教授。同経済学博士（72年）、同教授をへて
1994年　大阪市立大学名誉教授。
1994年　福井県立大学経済学部教授（現職）。

主な著書　『低開発経済論の構造』新評論、1970年（同書韓国語版、ピョンミン社、1985年）。『南北問題の現代的構造』（編著）日本評論社、1983年。『資本主義と南北問題』新評論、1986年（同書、改訂増補版、1992年）。『韓国資本主義論争』（編著）世界書院、1990年。『世界システムの現代的構造』（共編著）日本評論社、1994年。『北東アジア経済圏の形成——環日本海経済交流』（共編著）新評論、1995年。『アジア経済を学ぶ人のために』（共編著）世界思想社、1996年。『北東アジアの未来像——21世紀の環日本海』（共著）新評論、1998年。『北東アジア経済入門』（共編著）クレイン、2000年。

世界経済システムと南北関係　（検印廃止）

2001年5月15日　初版第1刷発行

著　者　本　多　健　吉
発行者　武　市　一　幸
発行所　株式会社　新　評　論

〒169-0051　東京都新宿区西早稲田3-16-28
電話　03(3202)7391
FAX　03(3202)5832
振替　00160-1-113487

落丁・乱丁本はお取り替えします
定価はカバーに表示してあります
印刷　新栄堂
製本　協栄製本

ISBN 4-7948-0521-7
Printed in Japan